Lettres à Nora

James Joyce

Lettres à Nora

*Traduit de l'anglais, préfacé
et annoté par André Topia*

Rivages poche
Petite Bibliothèque

Retrouvez l'ensemble des parutions
des Éditions Payot & Rivages sur

www.payot-rivages.fr

© 2012, Éditions Payot & Rivages
pour la présente traduction
106, boulevard Saint-Germain – 75006 Paris

ISBN : 978-2-7436-2329-6

Préface

Nora Barnacle (1884-1951), que Joyce rencontra en 1904 et qui deviendra son épouse en 1931, joua un rôle essentiel dans la création des grandes figures féminines joyciennes. Rarement dans l'histoire de la littérature une rencontre amoureuse a eu autant de répercussions sur l'ensemble d'une œuvre. La figure de Nora hante en effet toute la fiction de Joyce, de *Dublinois* à *Finnegans Wake*. Gretta dans « Les Morts », Bertha dans *Les Exilés*, Molly dans *Ulysse*, Anna Livia Plurabelle dans *Finnegans Wake* renvoient sans cesse en écho au mystère de la féminité, sur lequel Joyce n'a cessé de s'interroger et dont Nora représentait pour lui le modèle vivant à travers ses infinis avatars. Il est fascinant de voir les multiples liens, échos ou anticipations, qui relient les lettres à Nora aux différents moments de l'œuvre joycienne.

Ainsi, c'est Nora qui a inspiré le personnage de Gretta, l'épouse de Gabriel Conroy, dans la nouvelle de *Dublinois* « Les Morts ». Comme Nora, Gretta est originaire de Galway, et tout comme la voix de Nora déstabilise les envolées lyriques de Joyce, c'est la voix de Gretta qui met en question de façon dévastatrice le narcissisme masculin de son mari, retournant son sentiment de supériorité culturelle et l'incluant dans cela même qu'il croit exclure. Une des lettres de Joyce, datant de quelques mois après leur rencontre, reprend d'ailleurs presque mot pour mot les paroles de Gabriel dans une lettre à Gretta : « il n'est point de mot assez tendre pour être ton nom » (décembre 1904). De même, l'allusion au poème « La Fille d'Aughrim » (26 août 1909), dont l'écoute joue un rôle crucial dans l'épiphanie de Gabriel à la fin des « Morts », crée une passerelle de plus entre les deux femmes.

Nora n'est pas non plus absente de la pièce de théâtre *Les Exilés*, à travers la figure de Bertha et les interrogations joyciennes sur la fidélité dans le couple et la question de la trahison, qui hanta Joyce toute sa vie. On en trouve l'écho dans ses questions angoissées sur la fidélité de Nora dans les lettres du 6 et 7 août 1909, lorsque, de retour à Dublin alors que Gretta était restée à Trieste, il avait été victime d'une machination de deux de ses anciens amis pour lui faire croire que Nora l'avait trompé à un moment qui était pour lui le début d'un grand amour.

C'est Nora encore qui réapparaît en arrière-plan de la figure de Molly Bloom, épouse de Leopold Bloom dans *Ulysse*, dont Joyce disait qu'elle représentait la Femme « parfaitement saine, complète, amorale, amendable, fertilisable, déloyale, engageante, astucieuse, bornée, prudente, indifférente », et dont « les quatre points cardinaux sont les seins, le cul, le ventre et le con » (lettre à Frank Budgen du 16 août 1921). Tout comme Nora pour Joyce, Molly représente pour Leopold Bloom « l'indispensable visa du passeport pour l'éternité » et c'est à elle, avec le « oui » final de son monologue, qu'est laissé « le dernier mot humain, bien trop humain » du roman (lettre à Frank Budgen du 28 février 1921). On a souvent noté l'étonnante ressemblance entre le style des lettres de Nora (non traduites dans ce volume pour des raisons de droits littéraires), dépourvues de ponctuation et d'une étonnante spontanéité, et l'immense monologue de Molly Bloom par lequel se termine *Ulysse*.

On retrouve enfin Nora dans la figure mythique d'Anna Livia Plurabelle dans *Finnegans Wake*, épouse, mère, fille, amante, reprise chorique de toutes les voix féminines universelles, mais aussi incarnation de la rivière Liffey et de toutes les rivières du monde.

Les lettres de Joyce à Nora dont nous disposons se concentrent sur deux grandes périodes. Il y a d'abord 1904, l'année de leur rencontre, qui prit pour Joyce une telle importance qu'il ferait correspondre la grande journée d'*Ulysse*, le 16 juin 1904, à l'une de leurs premières rencontres. De juin à décembre 1904, on a ainsi une douzaine de lettres de

Joyce qui sont une chronique émouvante de la naissance d'une relation amoureuse, avec ses envolées romantiques pleines d'effusions littéraires, ses alternances d'exaltation et de doute, et déjà ses morsures de jalousie. Mais ce qui frappe d'emblée dans ces lettres, c'est à quel point Joyce entre dans sa liaison amoureuse avec Nora en même temps qu'il entre en littérature. Leur relation semble en effet dès l'origine programmée, organisée, planifiée presque, tout comme l'est le début de sa carrière de futur grand écrivain de sa génération, destiné à « rencontrer la réalité de l'expérience et façonner dans la forge de mon âme la conscience incréée de ma race » (*Portrait de l'artiste en jeune homme*, V). Courtiser Nora, c'est en même temps lui envoyer des fragments de ses poèmes de *Musique de chambre*, sa première nouvelle de *Dublinois*, « Les Sœurs », un fragment des épiphanies qu'il notait sur un carnet et réutiliserait ensuite dans son œuvre, et c'est ainsi la faire entrer d'emblée dans ce qui compte le plus pour lui, la littérature. Il fait d'elle à la fois son inspiratrice et sa complice, sa disciple et son guide, sa maîtresse et son confesseur, montrant en elle une confiance absolue, la faisant dès le début devenir une partie de lui-même : « Le fait que tu puisses choisir d'être ainsi à mon côté dans ma vie hasardeuse me remplit d'une fierté et d'une joie profondes » (16 septembre 1904). On sent en lui la certitude absolue qu'elle ne pourra qu'être glorifiée par sa participation aux souffrances du jeune poète en guerre contre le monde : « Je finirai par vaincre et alors tu seras à mon côté » (19 août 1909).

On sent dans la plupart de ses lettres l'attente anxieuse, impatiente, parfois presque hystérique, d'une réponse, et lorsque cette réponse se fait attendre l'anxiété devient une véritable panique : plus qu'un dialogue ou un échange à deux voix, ce qui est réclamé, c'est une appartenance fusionnelle, la réverbération, la mise en écho immédiate de son propre discours, l'attente en fait d'une confirmation qui ne fera que justifier ses propres affirmations sur lui-même : « essaie de répondre à ma franchise par une franchise similaire » (10 septembre 1904). Ce rêve de transparence mutuelle, cette apparente dépendance du discours de l'autre dissimulent en fait un narcissisme fragile qui a besoin sans cesse d'être soutenu par la voix de la femme, mais qui peut parfois dériver vers un désir de possession absolue : « Tout ce qui est sacré, caché aux autres, tu dois me le donner sans compter. Je désire être le maître de ton corps et de ton âme » (22 août 1909). C'est au point que Joyce est « jaloux du passé » de Nora (21 août 1909) et redoute d'aller à Galway, craignant d'y découvrir l'image d'une Nora qui existait avant lui, sans lui, une Nora échappant ainsi à cette fusion à la fois érotique et mystique qui conditionne pour lui toute leur relation. Dans « Les Morts », il montrera Gabriel subissant une véritable extinction lorsqu'il découvre l'autre Gretta, telle qu'elle existait à Galway avant de le connaître, une Gretta qui échappait à son emprise, perspective qui lui est insupportable.

Mais en même temps cette communion, que Joyce semble considérer comme allant de soi, a quelque chose d'un peu inquiétant et on y sent percer un syndrome qui ne fera que s'accentuer tout au long de sa carrière littéraire. En effet, lorsqu'on parcourt sa vie, on sent peu à peu que ses relations avec son entourage, même, et peut-être tout particulièrement, ceux qui lui étaient le plus proches, semblent dès les premiers moments orientées, programmées, contaminées par une démarche littéraire, se retrouvant à l'avance incluses dans une stratégie, celle de la genèse potentielle d'une œuvre. Les amis de Joyce ont d'ailleurs souvent signalé l'impression de malaise qui les gagnait lorsqu'ils sentaient peu à peu que toutes leurs paroles et leurs actes étaient en train de s'inscrire insidieusement dans une œuvre à venir et qu'ils étaient en train d'être manipulés, certes avec beaucoup de finesse et d'élégance, jusqu'à devenir à l'avance des personnages de fiction. D'où le paradoxe joycien essentiel : ce n'est pas la fiction qui imite la vie, mais c'est la vie, et même les vies, qui sont d'emblée façonnées en fiction. Comme le montrent *Stephen le Héros* et le *Portrait de l'artiste en jeune homme*, le roman autobiographique joycien n'est rien d'autre qu'une succession d'avatars littéraires que le jeune écrivain délaisse les uns après les autres. Nora n'a pas échappé à cette porosité entre la vie et la littérature, mais, comme en témoigne l'angoisse de certaines des lettres de Joyce adressées à elle, elle était de force à réagir, à produire d'efficaces défenses contre les stratégies passionnelles et littéraires de son amant.

Le rôle de Nora est aussi pour Joyce de contrebalancer la solitude engendrée par son rejet de ses contemporains irlandais. Cette solitude, recherchée et fièrement assumée par lui, dans le paysage littéraire irlandais qu'il méprise ne fait qu'exaspérer a contrario sa fixation amoureuse sur Nora et les attentes immenses qu'il place en elle. Elle sera la confidente et la compagne du futur grand écrivain qu'il s'apprête à devenir avec une confiance inébranlable. C'est à elle qu'il confie ses ambitions, ses déceptions, ses rages contre ses contemporains, c'est devant elle qu'il se met à nu, comme le montre la lettre du 29 août 1904, où il se montre en véritable état de guerre contre les institutions de son pays : « À présent je mène contre elle [l'Église catholique] une guerre ouverte par mes écrits, mes paroles et mes actes. Je ne peux entrer dans l'ordre social qu'en tant que vagabond. » C'est en tant que vagabond et indigent qu'il veut être accepté par Nora, demandant d'elle une véritable démarche sacrificielle. C'est à ce prix qu'elle peut devenir la Béatrice d'un Dante irlandais, mais aussi une héroïne de *Madame Butterfly* ou de *Werther*. La rencontre de Nora vient ainsi cristalliser dans une espèce d'incarnation mystique toutes les figures de femmes encore incréées auxquelles le jeune poète avait dédié sa poésie : « une jeune fille dont la curieuse beauté grave avait été façonnée par la culture des générations qui l'avaient précédée, la femme pour qui j'ai écrit des poèmes comme "Douce dame" ou "À la coquille de la nuit" » (21 août 1909). En même temps, la fixation amoureuse est imprégnée d'images de respect et de vénération et la tonalité de certaines lettres est parfois quasi religieuse. Une soirée passée avec Nora devient « une sorte de sacrement » (29 août 1904) et la lecture de poèmes d'amour de l'Ouest irlandais associés à Nora déclenche chez lui une effusion quasi mystique : « L'immense émotion de tendre vénération pour ton image qui jaillissait de ma voix alors que je répétais ces vers était trop pour moi. Mon amour pour toi est véritablement une sorte d'adoration » (27 octobre 1909). Mais, comme partout dans l'œuvre de Joyce, l'effusion religieuse n'est jamais loin de son détournement parodique : une des premières lettres se termine ainsi : « J'embrasse la fossette miraculeuse de ton cou, Ton Frère chrétien en Luxure » (fin juillet 1904).

Nora devient parfois une sainte et est implicitement comparée à la Vierge Marie, comme dans la lettre du 11 décembre 1909 où il se compare aux Rois mages venant s'agenouiller devant la crèche. Lorsqu'il entend autour de lui des voix prophétisant qu'il va devenir « le grand écrivain de l'avenir », Joyce unit aussitôt Nora à ce destin littéraire, faisant d'elle son guide vers cette destinée : « Guide-moi, ma sainte, mon ange. Conduis-moi sur ma route. Tout ce qui est noble et exalté et profond et vrai et émouvant dans ce que j'écris vient, je le crois, de toi. Ô accueille-moi au plus profond de ton âme et alors je deviendrai vraiment le poète de ma race » (5 septembre 1909). Toute une analogie relie ainsi la naissance mystique de l'œuvre d'art comme trans-substantiation eucharistique (« Dans le sein virginal de l'imagination, le verbe s'était fait chair », *Portrait*, V) et les noces mystiques entre Joyce et Nora, annonce de la naissance de l'œuvre future : « Ô si je pouvais me blottir dans ton ventre comme un enfant né de ta chair et de ton sang, être nourri de ton sang, dormir dans la chaude obscurité secrète de ton corps ! » (5 septembre 1909). On semble entendre en écho la voix du jeune Stephen Dedalus découvrant la vocation littéraire après l'épiphanie de la jeune fille sur la plage et s'endormant sous la garde de cet « ange de jeunesse et de beauté mortelles » (*Portrait de l'artiste en jeune homme*, IV).

Le cadeau censé célébrer les cinq années de leur amour, cadeau qu'il a véritablement fabriqué comme un objet d'art et sur les détails duquel il revient avec une précision quasi maniaque (3 septembre 1909), devient ainsi une véritable offrande qu'il dépose aux pieds de Nora comme un chevalier médiéval auprès de sa dame, mais c'est aussi un moyen de fixer dans l'éternité leur amour et d'emprisonner

Nora dans une relation tout aussi inaltérable que l'objet censé la symboliser. Là encore on ne peut pas ne pas penser à Gabriel Conroy dans « Les Morts », lorsque, confusément effrayé par l'énergie vitale qui émane de Gretta et craignant de découvrir qu'elle échappe à son emprise et a une vie indépendante de la sienne, recourt, comme Joyce, à l'arme de l'art, et s'efforce de la transformer en un tableau qu'il intitule « Lointaine Musique », la figeant ainsi en un objet d'art dont il serait la source et le maître. La suite de la nouvelle montre que le moment même de cette vision artistique est ironiquement celui où Gretta est en fait très loin de lui, écoutant l'air qui lui rappelle Michael Furey. Le ton angoissé de certaines des lettres de Joyce montre qu'il a certainement vécu des moments analogues avec Nora.

L'adoration religieuse fait parfois place à des moments d'humilité et même d'avilissement quasi masochiste. À la suite d'une lettre de reproches de Nora, on voit Joyce parler de lui-même comme d'un « immonde animal » et se rouler dans la fange d'une soumission abjecte : « j'ai déambulé dans les rues comme un immonde roquet que sa maîtresse a lacéré de son fouet et chassé de sa porte » (18 novembre 1909). Malédiction, avilissement, dégoût, mépris, déchéance, aucun mot n'est assez fort pour exprimer cette humiliation revendiquée. C'est au point qu'il s'efforce de tirer un trait sur toute relation personnelle avec Nora en lui écrivant une étonnante lettre où il parle d'elle à la troisième personne, comme s'il n'était plus digne de lui adresser directement la parole (19 novembre 1909). Mais là encore, derrière les sanglots, on sent percer la rhétorique qui imprègne les discours d'autoflagellation du jeune Stephen Dedalus dans le *Portrait* lors de l'écoute du sermon sur l'enfer du père Arnall, et la lettre se termine dans une envolée poétique, véritable morceau de littérature qui nie en fait l'extinction d'identité qu'avait voulu s'infliger le jeune poète et réaffirme le pouvoir de sa voix : « Et j'ai senti son âme trembler près de la mienne, et j'ai murmuré son nom doucement à la nuit, et j'ai pleuré de voir la beauté du monde passer comme un rêve derrière ses yeux. »

De même, le sentiment de la trahison, lorsqu'il croit avoir été trompé par Nora et un de ses amis au début de leur relation, devient lui aussi un exercice littéraire. Joyce est à Dublin et Nora est restée à Trieste, et les conversations que Joyce va avoir avec ses anciens amis à Dublin vont rapidement semer en lui le doute sur la fidélité de Nora, même s'il apprend ensuite que toute l'affaire avait été montée par Vincent Cosgrave et Oliver St John Gogarty pour briser le couple Joyce. La lettre du 6 août 1909 devient la grande lamentation de l'amant trahi et éploré : « Je pleure mon pauvre amour malheureux. » Le traumatisme est d'autant plus fort que, comme souvent chez Joyce, il a été anticipé, presque programmé comme une figure symbolique qui parcourt toute l'œuvre joycienne, celle de la trahison : le grand écrivain, le grand homme, est celui qui, comme le Christ, mais aussi comme Parnell, doit inévitablement, un jour ou l'autre, être trahi par ses amis et ses disciples. L'histoire de l'Irlande, comme l'évoquent les méditations de Stephen Dedalus dans l'épisode « Protée » d'*Ulysse*, est elle-même ponctuée de trahisons. Joyce confie ainsi à Nora sur Byrne, qui dans le *Portrait* apparaît sous la figure de Cranly comme le meilleur ami de Stephen : « Il était irlandais, c'est-à-dire qu'il m'a trahi » (29 août 1904). Mais surtout, l'image d'un autre homme courtisant Nora dans les mêmes lieux et presque aux mêmes moments que lui devient pour le jeune artiste une véritable expérience d'aliénation : « Comment chasser le visage qui s'interpose maintenant sans cesse entre nos lèvres ? » (7 août 1909). D'où les questions pressantes, indiscrètes, dont il assaille Nora au début d'août 1909 lorsqu'il croit qu'elle l'a trompé avec Cosgrave : il ne cesse de l'interroger sur les mots qui furent prononcés entre eux, sur la nature de leurs caresses, sur le décor de leurs rencontres. Mais peu à peu on voit ce questionnement devenir une véritable mise en scène érotique, qui permet à Joyce de jouer les deux rôles : celui de l'amant blessé, mais aussi celui du voyeur qui ne cesse de passer et repasser dans sa tête le scénario de la trahison, tout comme Gabriel Conroy dans « Les Morts » après la révélation de la relation amoureuse passée entre Gretta et Michael Furey, et aussi tout comme Leopold Bloom dans *Ulysse*, qui, tout en déambulant dans Dublin, joue à l'avance dans sa tête l'adultère imminent de Molly avec Boylan.

Mais dès qu'apparaît la vérité de la machination et la fausseté de ses accusations, Joyce bascule dans l'humilité du pécheur qui veut se faire pardonner : « je te demande de me pardonner ma conduite méprisable » (19 août 1909). Là encore la vie et la littérature semblent s'interpénétrer : le retournement de Joyce évoque celui de Stephen Dedalus lors du sermon sur l'enfer dans le *Portrait*, passant de l'abjection du pécheur à la pose de mortification après la confession. Le scénario de l'humiliation s'accompagne d'ailleurs, dans la même lettre, de l'annonce d'un contrat de publication pour *Dublinois*.

Le second moment fort de la correspondance entre Joyce et Nora va d'août à décembre 1909. Joyce est retourné à Dublin avec son fils Giorgio et Nora est restée à Trieste. Cette séparation va donner lieu à une série de lettres qui sont parmi les plus remarquables dans l'histoire de la correspondance amoureuse littéraire. Rarement un homme a laissé parler de façon aussi explicite les fantasmes érotiques qui nourrissent sa relation avec une femme. Mais ce qui est là spécifiquement joycien, c'est que l'érotisme et même l'obscénité qui se donnent libre cours dans ces lettres restent indissociables de l'exaltation mystique et de l'adoration religieuse déjà évoquées dans les lettres précédentes : « À certains moments je te vois comme une vierge ou une madone et le moment suivant je te vois impudique, insolente, demi-nue et obscène ! » (2 septembre 1909). Ce brouillage entre le religieux et le sexuel est aussi un trait récurrent de l'œuvre joycienne et les scénarios érotiques que décrit Joyce dans ses lettres réapparaissent dans sa fiction. Dans *Dublinois*, on voit l'enfant de « Arabie », lors de scènes de voyeurisme où il observe la sœur de Mangan derrière le store de sa fenêtre, se construire un scénario érotique où la jeune fille est à la fois une sainte semblant surgir d'une image pieuse et un débordement charnel indiscret, alimentant une extase romantico-mystique qui cache en

24

fait des émois d'adolescent découvrant le plaisir sexuel solitaire. De même, Gabriel Conroy, dans « Les Morts », voit s'effondrer à la fin de la nouvelle le scénario érotique qu'il avait patiemment construit lors du retour à l'hôtel, véritable liturgie de possession qui devait lui donner le beau rôle et représenter l'apothéose de sa relation amoureuse avec Gretta. Dans le *Portrait*, toute la grande scène avec la jeune prostituée se déroule selon une véritable liturgie du désir. Dans *Ulysse*, ce sont les pensées de Gerty MacDowell dans l'épisode « Nausicaa », qui dissimulent, derrière les émois virginaux d'une sainte-nitouche adepte du confessionnal, des fantasmes plus crûment érotiques.

Dans les lettres de Joyce, on voit déjà se dessiner cette construction érotique dans l'insistance quasi fétichiste sur les vêtements qu'il veut voir portés par Nora, avec une fixation toute particulière sur les fourrures et les dessous féminins. En prévision de son retour à Dublin, il lui demande de porter des sous-vêtements noirs (7 septembre 1909) et un peu plus tard on le voit énumérer le « splendide ensemble de fourrure, bonnet, étole, et manchon » (25 octobre 1909) qu'il va lui acheter. Il se répand également en détails sur les gants de peau de renne qu'il lui a envoyés ainsi que sur l'ensemble de fourrure en écureuil gris qu'il lui destine et dont il énumère les différentes composantes avec une précision quasi maniaque : « Il y aurait un bonnet d'écureuil gris garni de violettes et une longue et large étole plate d'écureuil gris et un manchon beige de grand-mère de la même fourrure sur une chaîne d'acier, tous deux doublés de satin violet » (1er novembre 1909). Mais c'est surtout sur les dessous de Molly que se manifeste cette fixation fétichiste : Joyce s'attarde longuement, toujours avec la même précision maniaque, sur le type de culotte qu'il veut qu'elle porte, sa forme, sa texture, mais aussi les volants, dentelles et rubans qui doivent l'accompagner (6 décembre 1909). Ce fétichisme du vêtement réapparaîtra dans les fantasmes de Léopold Bloom dans *Ulysse*, en particulier les épisodes « Lotophages », « Circé » et « Pénélope ». Mais dans cette insistance sur l'importance du vêtement dans la liturgie érotique on peut aussi voir une version pervertie des rites du cérémonial catholique, une trace de plus de l'éducation jésuite de Joyce telle qu'elle transparaît dans le *Portrait*.

Dans ce brouillage entre le religieux et l'érotique, la lettre clé est celle du 2 décembre 1909, dans laquelle Joyce affirme clairement l'indissociabilité de deux registres, l'adoration romantique et le fantasme obscène, celui de la « belle fleur sauvage des haies » et celui de la truie chevauchée par un porc et de la « petite pute salope ». La vénération de « l'esprit d'éternelle beauté et tendresse » n'est pas contradictoire avec l'image des « lèvres brûlantes suçant ma bitte tandis que ma tête est enfoncée entre tes cuisses grasses, mes mains serrant les coussins arrondis de ton cul et ma langue léchant voracement les profondeurs de ton con touffu et rougeoyant ». Bien plus, il devient un maître qui initie sa disciple à cette présence incontournable de l'obscène au cœur même de l'extase amoureuse la plus éthérée : « Je t'ai appris à presque défaillir en entendant ma voix chanter ou murmurer à ton âme la passion et le tourment et le mystère de la vie et en même temps je t'ai appris à me faire des signes obscènes avec tes lèvres et ta langue. » L'« hymne d'adoration » qui monte des « sombres cloîtres de mon cœur » est indissociable de la « bitte encore brûlante et raide et vibrante de la dernière poussée brutale qu'elle t'a donnée ». Rarement les soubassements sexuels de l'amour romantique ont été mis à nu avec autant de franchise et de courage. Mais, contrairement à D. H. Lawrence, qui n'a de cesse d'attaquer les hypocrisies aliénantes et paralysantes de l'amour romantique au nom d'une véritable religion phallique, Joyce joue de la perversion elle-même, se situant sur le point de brouillage où le sexuel a besoin du masque de la liturgie pour pouvoir mener au plaisir et où l'extase religieuse laisse sans cesse transparaître des implications érotiques.

Et tout comme Joyce a besoin d'une compagne dans ses ambitions de futur grand poète, il faut que Nora réponde à ces scénarios érotiques en jouant elle aussi son rôle, en venant pour ainsi dire compléter la liturgie qui sans elle serait vide. On voit ainsi Joyce dans une autre lettre reconstituer avec un soin maniaque une scène de séduction sexuelle où c'est Nora qui prend toutes les initiatives : « C'est toi qui as glissé ta main [...] Ce sont tes lèvres qui ont pour la première fois prononcé un mot obscène » (3 décembre 1909). Il va jusqu'à la questionner sur ses rapports avec d'autres hommes, exigeant d'elle la plus grande franchise et trouvant une jouissance certaine à imaginer de façon de plus en plus précise les gestes obscènes de sa bien-aimée en train de le trahir. De question en question, on le voit retrouver son éducation jésuite et devenir un véritable confesseur, allant chercher les moindres détails et surtout prenant manifestement du plaisir à ce mélange d'enquête policière et de voyeurisme complice : « L'as-tu jamais branlé, ma chérie, dis-moi franchement, ou un autre ? » Comme il était prévisible, la lettre se termine par un véritable orgasme programmé : « Nora ma chérie, je frémis d'impatience dans l'attente de tes réponses à ces lettres répugnantes que je t'ai envoyées. »

On peut regretter que ce volume ne donne la parole qu'à Joyce et que, pour des raisons de copyright, il ait été impossible de reproduire certaines des lettres de Nora, qui apporteraient un contrepoint vital aux épanchements très littéraires de Joyce. C'est un peu comme si l'on lisait la nouvelle « Les Morts » sans entendre la voix finale de Gretta, qui vient soudain remettre en perspective le narcissisme masculin et les discours très imprégnés de fictions littéraires de Gabriel. Il est vrai qu'on ne dispose de toute façon d'aucune lettre de Nora pour la période de 1909. En revanche, plusieurs de ses lettres sont disponibles pour la période de juin à septembre 1904 et elles forment un étonnant contraste avec les missives insistantes, pressantes, parfois quasi hystériques de Joyce.

Il n'en reste pas moins que, même privées des réponses de leur destinataire, les lettres de Joyce à Nora, dans leur mélange de passion amoureuse et de quête identitaire, de jalousie et d'abandon, de franchise sexuelle et parfois d'obscénité, sont un extraordinaire document dans l'histoire de la littérature, et plus précisément sur les relations de couple, sujet qui obsédait les auteurs de la fin de l'époque victorienne et du début de la période moderniste, de Thomas Hardy à D. H. Lawrence.

André Topia

Bibliographie

Le premier volume de correspondance de Joyce, publié en 1957 (*Letters*, vol. I, ed. Stuart Gilbert, London, Faber ; New York, Viking Press, 1957), ne comprenait aucune lettre à Nora. Il fut traduit en français par Marie Tadié en 1961 (*Lettres*, I, réunies et présentées par Stuart Gilbert, traduites de l'anglais par Marie Tadié, Paris, Gallimard, 1961). Un ensemble plus complet de la correspondance, édité par Richard Ellmann (*Letters*, vols. II and III, ed. Richard Ellmann, London, Faber ; New York, Viking Press, 1966) inclut de nombreuses lettres à Nora ainsi que certaines des lettres de cette dernière à Joyce. La traduction française de ces deux volumes, par Marie Tadié, parut en trois volumes (*Lettres*, II, réunies et préfacées par Richard Ellmann, traduites de l'anglais par Marie Tadié, Paris, Gallimard, 1973 ; *Lettres*, III, réunies par Richard Ellmann, traduites de l'anglais par Marie Tadié, Paris, Gallimard, 1981 ; *Lettres*, IV, réunies par Richard Ellmann, traduites de l'anglais par Marie Tadié, Paris, Gallimard, 1986). Mais cette édition restait incomplète pour la correspondance de 1909. Elle fut complétée par Richard Ellmann dans une édition des *Selected Letters* (ed. Richard Ellmann, London, Faber ; New York, Viking Press, 1975). Jacques Aubert, dans le premier volume des œuvres de Joyce qu'il dirigea pour la Bibliothèque de la Pléiade (*Œuvres*, I, édition établie par Jacques Aubert, textes traduits par Jacques Aubert, Jacques Borel, André du Bouchet, J. S. Bradley, Anne Machet, Ludmila Savitsky, Marie Tadié, Paris, Gallimard, 1982), reprit un choix de lettres de Joyce allant de 1901 à 1915 et traduisit en particulier la correspondance de 1909, qui ne figurait jusqu'alors que sous forme incomplète en français.

Comme indiqué à la table des matières, toutes les traductions de ce volume s'appuient sur le texte anglais présenté dans les éditions de Richard Ellmann de 1966 et 1975.

Pour tout ce qui concerne l'arrière-plan biographique on consultera avec profit la biographie de Richard Ellmann (*James Joyce*, New York, Oxford University Press, 1959, 2nd edition 1982) traduite en français d'abord en 1962, puis, pour la nouvelle édition, en 1987 (*James Joyce*, nouvelle édition revue et augmentée, traduit de l'anglais par André Cœuroy et Marie Tadié, Paris, Gallimard, 1987). Sur la vie de Nora Barnacle, on lira également la biographie de Brenda Maddox, *Nora : Biography of Nora Joyce*, London, Hamish Hamilton, 1988 (*Nora*, traduit de l'anglais par Marianne Véron, Paris, Albin Michel, 1990).

Nora Barnacle
(State University of New York à Buffalo)

Lettres à Nora

Toutes les lettres sont conservées à l'université de Cornell, sauf indication contraire.

1904

À Nora Barnacle[1]

15 juin 1904, 21   60 Shelbourne Road

Je suis peut-être aveugle. J'ai regardé pendant un bon moment une tête aux cheveux
brun-roux et j'ai décidé que ce n'était pas la

---

1. Nora Barnacle (1884-1951), originaire de Galway. À la suite d'un désaccord familial, elle avait quitté
Galway quelques mois auparavant et était venue tra-
vailler à Dublin comme femme de chambre à Finn's
Hotel. Joyce la rencontra peu de temps avant la date
de cette lettre et prit rendez-vous avec elle pour le 14
juin. Elle ne vint pas au moment prévu et leur première
promenade ensemble eut probablement lieu le 16 juin,
date dont Joyce fit ensuite la date de la journée d'*Ulysse*.
Sur la rencontre de Joyce et Nora, voir Richard Ellmann, *James Joyce*, Paris, Gallimard, 1987, collection Tel,
vol. I, 191-193.

vôtre. Je suis rentré chez moi très abattu. J'aimerais que nous prenions rendez-vous mais peut-être que cela ne vous conviendrait pas. J'espère que vous aurez la bonté de m'en donner un si vous ne m'avez pas oublié !

JAMES A JOYCE

À Nora Barnacle

8 juillet 1904 [Dublin]

Petite Nora boudeuse je ne peux pas te retrouver ce soir car je dois aller à Sandymount chez un Italien[1] qui veut me voir. Sois au coin de Merrion Sq. demain à 20 h 30. Adieu, chère petite tête brune.

J.A.J.

1. Probablement Michele Esposito, pianiste, compositeur et professeur de musique à Dublin.

À Nora Barnacle

[? 12 juillet 1904]   60 Shelbourne Rd, Dublin

Ma chère petite Sainte-Nitouche aux chaussures brunes J'ai oublié – je ne peux pas te voir
demain (mercredi) mais je te verrai jeudi à la
même heure. J'espère que tu as mis ma lettre
au lit comme il convient. Ton gant est resté
près de moi toute la nuit – déboutonné – mais
à part ça il s'est conduit très convenablement –
comme Nora. *Je t'en prie* quitte cette cuirasse
car je n'aime pas enlacer une boîte aux lettres.
Tu m'entends ? (Elle commence à rire). Mon
cœur – comme tu dis – oui – tout à fait.

Un baiser de vingt-cinq minutes sur ton cou
                                        AUJEY

À Nora Barnacle

21 juillet 1904   60 Shelbourne Rd

Chère Nora Excuse le papier. Accepte ceci
je t'en prie car échange n'est pas vol. Veux-tu
me retrouver demain soir à 20 h 30 ?

41

J'espère que ma lettre dort bien chaque nuit.

Gant très bien élevé – pour le moment.

AUJEY

À Nora Barnacle

[? fin juillet 1904]   60 Shelbourne Road, Dublin

Ma petite Nora boudeuse à moi, Je t'ai dit que je t'écrirais. Maintenant c'est à toi de m'écrire pour me dire ce qui diable n'allait pas hier soir. Je suis sûr que quelque chose n'allait pas. Tu avais l'air désolée de quelque chose qui ne s'était *pas* produit – cela te ressemblerait tout à fait. Depuis, j'ai essayé de consoler ma main mais je n'y arrive pas. Où seras-tu samedi soir, dimanche soir, lundi soir, pour que je ne puisse te voir ? À présent, adieu, ma chérie. J'embrasse la fossette miraculeuse de ton cou, Ton Frère chrétien en Luxure

J.A.J.

La prochaine fois que tu viendras laisse la bouderie chez toi – et aussi le corset.

À Nora Barnacle

[fin juillet ? 1904]   [Dublin]

Ma chère Nora Je me suis retrouvé à soupirer profondément ce soir tout en marchant
et j'ai pensé à une chanson ancienne écrite il
y a trois cents ans par le roi anglais Henry VIII
– roi brutal et débauché. Cette chanson est si
douce et fraîche et semble venir d'un cœur si
simple et affligé que je te l'envoie, espérant
qu'elle puisse te plaire. Il est étrange de voir
de quelles mares boueuses les anges font naî-
tre l'âme de la beauté. Ces mots expriment
très délicatement et musicalement la solitude
et la lassitude vagues que je ressens. C'est une
chanson écrite pour le luth.

Chanson
(pour accompagnement musical)

Ah, les soupirs qui montent de mon cœur
Ils m'affligent d'une souffrance extrême !
Puisque je dois abandonner ma bien-aimée
Adieu, ma joie, pour toujours.

J'avais coutume de la contempler
Et de l'étreindre de mes deux bras.
Et maintenant avec mille soupirs
Adieu ma joie et bienvenue la peine !

Et il me semble que si je pouvais encore
(Dieu, si seulement je pouvais !)
Aucune joie ne pourrait se comparer
Pour alléger mon cœur.

Henry VIII

À Nora Barnacle (carte postale)

Cachet de la poste 2 août 1904 (Letters, II, 45)
[*Dublin*]

Près du jardin des saules mon amour et moi
    nous sommes rencontrés
Elle se promenait dans le jardin des saules,
    ses petits pieds blancs comme neige ;
Elle me dit de prendre l'amour simplement
    ainsi que poussent les feuilles sur l'arbre
Mais moi, étant jeune et fou, je n'ai pas voulu
    l'entendre.

Dans un champ près de la rivière mon amour
    et moi sommes restés
Et sur mon épaule penchée elle posa sa main
    blanche comme neige.
Elle me dit de prendre l'amour simplement
    ainsi que pousse l'herbe sur les écluses,
Mais j'étais jeune et fou et maintenant je suis
    plein de larmes.

W. B. YEATS[1]

1. Poème de W. B. Yeats (1865-1939), "Down by
the Salley Gardens" (« Près du jardin des saules »).

À Nora Barnacle

3 août 1904

Chère Nora Est-ce que tu auras une « autorisation de sortie » ce soir à 20 h 30 ? Je l'espère car je suis dans un tel tourbillon d'inquiétude que je veux tout oublier dans tes bras. Donc viens si tu peux. En vertu des pouvoirs apostoliques dont je suis investi par Sa Sainteté le Pape Pie X je te donne permission par la présente de venir sans jupes recevoir la Bénédiction papale que je serai heureux de te donner Bien à toi dans le Juif souffrant

VINCENZO VANNUTELLI[1]
(Cardinal-diacre)

---

1. Vincenzo Vannutelli (1836-1930), cardinal de l'Église catholique à partir de 1890.

À Nora Barnacle

[Environ le 13 août 1904]   [*Dublin*]

Ma chère Nora Tu trouveras ci-joint un court texte de moi (« Stephen Daedalus ») qui peut t'intéresser.[1] Je crois bien que je n'ai guère eu qu'une seule pensée en tête toute la journée.

JAJ

À Nora Barnacle

15 août 1904   60 Shelbourne Road

Ma chère Nora Une heure vient de sonner. Je suis arrivé à onze heures et demie. Depuis je suis resté assis dans un fauteuil comme un idiot. Je ne pouvais rien faire. Je n'entends rien d'autre que ta voix. Je suis comme un idiot t'entendant m'appeler « Chéri ». J'ai vexé

---

1. Il s'agit de « The Sisters » (« Les Sœurs »), nouvelle publiée dans *The Irish Homestead* (Dublin), en août 1904.

47

deux hommes aujourd'hui en les quittant froidement. Je voulais entendre ta voix, pas la leur.

Lorsque je suis avec toi j'abandonne ma nature méprisante et soupçonneuse. Si seulement je pouvais sentir ta tête sur mon épaule maintenant. Je crois que je vais aller me coucher.

J'ai passé une demi-heure à écrire cette lettre. M'écriras-tu quelque chose ? J'espère que oui. Comment dois-je signer ? Je ne signerai pas du tout, car je ne sais pas comment signer mon nom.

À Nora Barnacle

29 août 1904   60 Shelbourne Road

Ma chère Nora Je viens de terminer mon dîner de minuit pour lequel je n'avais aucun appétit. Lorsque je suis arrivé au milieu je me suis aperçu que je mangeais avec mes doigts. J'ai eu mal au cœur tout comme hier soir. Je suis très affligé. Excuse cette épouvantable plume et cet affreux papier.

Je t'ai peut-être fait de la peine par mes paroles ce soir mais il vaut certainement mieux que tu saches ce que je pense de la plupart des choses ? Mon esprit rejette tout l'ordre social actuel et le christianisme – le foyer familial, les vertus reconnues, les classes sociales, et les doctrines religieuses. Comment pourrais-je aimer l'idée du foyer familial ? Ma famille n'était qu'une affaire bourgeoise ruinée par des habitudes dépensières que j'ai héritées. Ma mère a été tuée lentement, je le pense, par les mauvais traitements de mon père, par des années de difficultés, et par ma conduite de franc cynisme. Lorsque j'ai contemplé son visage alors qu'elle était allongée dans son cercueil – un visage gris et consumé par le cancer – j'ai compris que je regardais le visage d'une victime et j'ai maudit le système qui avait fait d'elle une victime. Nous étions dix-sept dans la famille. Mes frères et sœurs ne sont rien pour moi. Seul un de mes frères est capable de me comprendre.

Il y a six ans j'ai quitté l'Église catholique, la haïssant avec la plus grande ferveur. J'ai jugé impossible de rester en son sein à cause des pulsions de ma nature. J'ai mené contre elle une guerre secrète lorsque j'étais étudiant et j'ai refusé d'accepter les fonctions qu'elle m'offrait. En agissant ainsi j'ai fait de moi un indigent mais j'ai conservé ma fierté. À présent je mène contre elle une guerre ouverte par mes écrits, mes paroles et mes actes. Je ne peux entrer dans l'ordre social qu'en tant que vagabond. J'ai commencé à étudier la médecine trois fois, le droit une fois, la musique une fois. Il y a une semaine je me préparais à partir comme comédien ambulant. Je n'ai pu mettre aucune énergie dans ce projet car tu ne cessais de me tirer par la manche. Les difficultés de ma vie sont en réalité incroyables mais je les méprise.

Lorsque tu es rentrée ce soir j'ai déambulé jusqu'à Grafton Street où je suis resté longtemps appuyé contre un réverbère à fumer. La rue était pleine d'une vie dans laquelle j'ai répandu une partie de ma jeunesse. Tout en restant immobile je pensais à certaines phrases que j'ai écrites il y a quelques années lorsque j'habitais à Paris – les phrases suivantes – « Elles passent par deux ou par trois au milieu de l'animation du boulevard, comme des gens qui ont le loisir de déambuler dans des lieux illuminés à leur intention. Les voici chez le pâtissier, bavardant, broyant de petits édifices de pâtisserie, ou assises à des tables, silencieuses, près de la porte du café, ou descendant de voiture dans un remue-ménage affairé de vêtements qui a la voix douce de l'adultère. Elles passent dans une atmosphère parfumée : sous les parfums leurs corps ont une senteur humide et chaude »[1] –

Tout en me répétant cela à moi-même je savais que cette vie m'attendait toujours si je décidais d'y entrer. Elle ne pouvait peut-être pas me donner l'ivresse qu'elle m'avait jadis donnée mais elle était toujours là et maintenant que je suis plus sage et discipliné elle

1. Il s'agit de l'épiphanie XXX (sauf la dernière phrase) (James Joyce, *Œuvres*, I, Paris, Gallimard, 1982, 101, traduction de Jacques Aubert). Elle est adaptée dans *Ulysse* (*Œuvres*, II, Paris, Gallimard, 1995, 48).

m'offrait la sécurité. Elle ne poserait aucune question, n'attendrait rien de moi sinon quelques moments de ma vie, laissant le reste libre, et me promettrait du plaisir en échange. Je réfléchis à tout cela et sans regret le rejetai. Cette vie m'était inutile ; elle ne pourrait me donner ce que je voulais.

Tu t'es méprise, je crois, sur certains passages d'une lettre que je t'ai écrite et j'ai remarqué une certaine réserve dans ta conduite comme si le souvenir de cette soirée te troublait. Pourtant je la considère comme une sorte de sacrement et son souvenir m'emplit d'une joie mêlée de stupeur. Tu ne comprendras peut-être pas immédiatement pourquoi je te vénère autant à cause de cette soirée car tu connais peu de choses de mon esprit. Mais en même temps ce fut un sacrement qui a finalement laissé en moi un sentiment de chagrin et de déchéance – chagrin parce que j'ai vu en toi une extraordinaire tendresse mélancolique qui avait choisi ce sacrement comme un compromis, et déchéance parce que j'ai compris qu'à tes yeux j'étais inférieur à l'image conventionnelle de notre société actuelle.

Je t'ai parlé sur un ton satirique ce soir mais je parlais du monde et non de toi. Je suis un ennemi de la bassesse et de la servilité des gens mais pas de toi. Ne vois-tu pas la simplicité qui est derrière tous mes déguisements ? Nous portons tous des masques. Certaines personnes qui savent que nous sommes beaucoup ensemble m'insultent souvent à ton propos. Je les écoute calmement, dédaignant de leur répondre mais le moindre de leurs mots fait sombrer mon cœur comme un oiseau dans la tempête.

Cela n'a rien d'agréable pour moi de devoir aller me coucher maintenant avec le souvenir du dernier regard venant de tes yeux – un regard d'indifférence lasse – le souvenir de la torture dans ta voix l'autre soir. Aucun être humain n'a été aussi proche de mon âme que tu l'es, semble-t-il, et pourtant tu peux traiter mes paroles avec une rudesse pénible (« Je sais ce que c'est que parler maintenant », as-tu dit). Lorsque j'étais plus jeune j'avais un ami[1] à qui

1. J. F. Byrne.

je me confiais librement – d'une certaine façon plus qu'à toi et d'une autre façon moins qu'à toi. Il était irlandais, c'est-à-dire qu'il m'a trahi.

Je n'ai pas dit un quart de ce que je veux dire mais c'est très pénible d'écrire avec cette maudite plume. Je ne sais pas ce que tu vas penser de cette lettre. Je t'en prie, écris-moi, tu veux bien ? Crois-moi, ma chère Nora, je te respecte beaucoup mais je veux davantage que tes caresses. Tu m'as laissé de nouveau dans un doute angoissé.

JAJ

À Nora Barnacle

[Environ le 1er septembre 1904]
7 S. Peter's Terrace, Cabra, Dublin

Ma chérie Je suis tellement d'excellente humeur ce matin qu'il me faut absolument t'écrire que cela te plaise ou non. Je n'ai pas d'autres nouvelles pour toi sinon que j'ai parlé de toi à ma sœur hier soir. C'était très amusant. Je sors dans une demi-heure pour aller voir Palmieri[1] qui veut que j'étudie la musique et je passerai devant tes fenêtres. Je me demande si tu seras là. Je me demande aussi, pour le cas où tu serais là, si je pourrai te voir. Probablement pas.

Quelle charmante matinée ! Ce crâne, j'ai plaisir à le dire, n'est pas venu me tourmenter la nuit dernière. Combien je hais Dieu et la mort ! Combien j'ai de l'affection pour Nora ! Bien sûr tu es choquée par ces paroles, pieuse créature que tu es.

Je me suis levé tôt ce matin pour finir une nouvelle que j'écrivais. Lorsque j'eus écrit une page, j'ai décidé que je t'écrirais une lettre à la place. En outre, je me suis dit que tu n'aimais pas le lundi et qu'une lettre de moi pourrait te mettre de meilleur humeur. Lorsque je suis heureux j'ai un désir insensé de le dire à tous les gens que je rencontre mais je serais bien plus heureux si tu me donnais un de ces bai-

1. Benedetto Palmieri, professeur d'art vocal à Dublin.

sers chantants que tu aimes me donner. Ils m'évoquent le chant des canaris.

J'espère que tu ne ressens plus cette horrible douleur ce matin. Va voir le vieux Sigerson et fais-lui faire une ordonnance. Tu seras désolée d'apprendre que ma grand-tante est en train de mourir de stupidité. Souviens-toi, je t'en prie, que j'ai maintenant *treize* lettres de toi.

N'oublie pas de donner ce corset de dragon à Miss Murphy – et je pense que tu pourrais lui faire cadeau de l'uniforme de dragon tout entier. Pourquoi portes-tu ces satanées choses ? As-tu jamais vu les hommes qui circulent dans les voitures Guinness, vêtus d'énormes manteaux de ratine ? Essaies-tu de leur ressembler ?

Mais tu es si obstinée, et tout ce que je dis est inutile. Il faut que je te parle de mon aimable frère, Stannie. Il est assis à table à 1/2 vêtu lisant un livre et se parlant doucement à lui-même « Au diable ce type » – l'auteur du livre – « Qui diable a bien pu dire que ce livre était bon » « Quel crétin stupide sans rien dans le crâne ! » « Je me demande si les Anglais ne sont pas la race la plus stupide sur cette terre » « Maudit crétin d'Anglais » etc. etc.

Adieu, ma chère naïve, sensible, ensommeillée, impatiente Nora, à la voix profonde. Cent mille baisers.

JIM

À Nora Barnacle

10 septembre 1904   The Tower, Sandycove

Ma chère, chère Nora Je suppose que tu es très bouleversée depuis hier soir. Je ne parlerai pas de moi car j'ai l'impression d'avoir agi très cruellement. D'une certaine façon je n'ai aucun droit d'espérer que tu me considères comme valant mieux que le reste des hommes – en fait ma vie étant ce qu'elle est je n'ai absolument aucun droit de l'espérer. Mais pourtant je pense l'avoir espéré quand ce serait seulement parce que moi-même je n'ai jamais estimé personne comme je t'estime. Il y a aussi quelque chose d'un peu diabolique en moi qui me fait prendre plaisir à détruire les idées qu'ont les gens de moi et à leur prouver que je suis en réalité égoïste, orgueilleux, rusé et indifférent aux autres. Je suis désolé que ma tentative hier soir d'agir conformément à ce que je croyais juste t'ait fait autant de peine mais je ne vois pas comment j'aurais pu agir autrement. Je t'ai écrit une longue lettre expliquant autant que je le pouvais ce que je ressentais ce soir-là et il me semblait que tu écartais ce que je disais et me traitais comme si j'étais simplement un compagnon de débauche rencontré par hasard. Tu objecteras peut-être à la brutalité de mes paroles mais, crois-moi, me traiter ainsi c'est, considérant mon attitude envers toi, me déshonorer. Dieu du ciel, tu es une femme et tu peux comprendre ce que je dis ! Je sais que tu as agi envers moi très noblement et généreusement mais essaie de répondre à ma franchise par une franchise similaire. Surtout ne te mets pas à ruminer car cela te rendra malade et tu sais que tu es d'une santé délicate. Peut-être pourras-tu m'envoyer même une ligne ce soir pour me dire que tu peux me pardonner de toute la peine que je t'ai causée.

JIM

À Nora Barnacle

12 septembre 1904   The Tower, Sandycove

Chère Nora C'est une si affreuse matinée que j'ai l'impression que nous ne pourrons pas nous voir ce soir. Il pleut à verse ici et la mer est démontée sur les rochers. J'aimerais rester assis seul ici près du feu, mais il faut bientôt que j'aille en ville pour rencontrer Mr Cosgrave. Il est tout juste possible qu'il se mette à faire beau vers le soir, et, si c'est le cas, je t'attendrai, mais ne viens pas à moins qu'il fasse beau. J'espère que tu vas mieux de jour en jour. As-tu trouvé cet endroit sur la carte ? Si nous ne nous voyons pas ce soir – demain à 20 h.

JIM

À Nora Barnacle

16 septembre 1904
               103 North Strand Road, Fairview

Nora chérie – Écrire des lettres devient presque impossible entre nous. Combien je déteste ces mots écrits froids ! Je pensais que cela ne me gênerait pas de ne pas te voir aujourd'hui mais je m'aperçois que les heures durent interminablement. Mon cerveau semble être maintenant tout à fait vide. Lorsque je t'attendais hier soir j'étais encore plus agité. J'avais l'impression que je menais une bataille pour toi contre chaque force religieuse et sociale en Irlande et que je ne pouvais compter que sur moi-même. Il n'y a ici aucune vie – aucun naturel ni honnêteté. Les gens vivent ensemble dans les mêmes maisons toute leur vie et à la fin ils sont toujours aussi éloignés les uns des autres. Es-tu sûre que tu ne te fais pas des idées fausses sur moi ? Souviens-toi que je répondrai honnêtement et sincèrement à toute question que tu me poseras. Mais si tu n'as rien à me demander je le comprendrai aussi. Le fait que tu puisses choisir d'être ainsi à mon côté dans ma vie hasardeuse me remplit d'une fierté et d'une joie profondes. J'espère que tu ne coupes pas les ponts devant toi aujourd'hui. Peut-être allégeras-tu la lenteur de la matinée de demain en me permettant de recevoir une lettre. Il y a seulement une semaine, disais-tu, que nous avons eu notre fameux entretien sur les lettres mais n'est-ce pas grâce à de telles choses que nous nous sommes autant rapprochés l'un de l'autre ? Permets-moi, Nora chérie, de te dire combien je désire que tu partages tout bonheur qui peut être le mien et de t'assurer de mon profond respect pour cet amour qui est le tien, que je souhaite mériter et auquel je désire répondre.

JIM

À Nora Barnacle

[? 18 septembre 1904]   Dublin

Nora chérie Je brûle d'une telle flamme de plaisir depuis hier soir que je suis tout agité aujourd'hui. Je veux t'entendre le dire cent fois. Comment peux-tu penser que je n'apprécie rien ? Peut-être est-ce parce que mes manières sont si enjouées. Ma vie m'a rendu très réservé dans ce que je dis mais il ne faut pas te laisser abattre par cela. J'ai rêvé de toi la nuit dernière. À quoi sert que j'écrive cette lettre stupide. Je veux simplement être près de toi. J'espère voir mon frère dans environ une heure pour savoir ce qu'il en est. À l'instant je viens de recevoir une lettre que j'attendais mais je ne saurai pas précisément avant quelques jours[1]. Ce soir 20 h 30.

JIM

À Nora Barnacle

19 septembre 1904
103 North Strand Road, Fairview

Carissima C'est seulement quelque temps après t'avoir quittée que le lien entre ma ques-

---

1. Joyce avait posé sa candidature pour un poste d'enseignant dans une école Berlitz, sur le continent.

tion « Ta famille est-elle riche ? » et ta gêne ensuite m'a frappé. Mon but, cependant, était de découvrir si avec moi tu serais privée du bien-être auquel tu as été habituée chez toi. Après y avoir longuement réfléchi j'ai trouvé une solution pour ton autre question – tu te demandais si je devrais habiter au collège ou en dehors. J'ai dormi très, très mal la nuit dernière, me réveillant quatre fois. Tu me demandes pourquoi je ne t'aime pas, mais vraiment il faut que tu croies que j'ai beaucoup d'affection pour toi et que si désirer posséder une personne totalement, admirer et honorer cette personne profondément, et chercher à assurer le bonheur de cette personne en toutes choses c'est « aimer » alors peut-être que mon affection pour toi est une sorte d'amour. Je te dirai ceci : ton âme me semble être l'âme la plus belle et la plus simple du monde et c'est peut-être parce que j'en suis si conscient quand je te regarde que mon amour ou mon affection pour toi perd beaucoup de sa violence.

J'avais l'intention de te dire que si tu as le moindre soupçon que tes parents vont agir contre toi il faut immédiatement quitter l'Hôtel et m'envoyer un télégramme (à *cette* adresse) pour me dire où je peux te voir. Tes parents ne peuvent évidemment pas t'empêcher de partir si tu le souhaites mais ils peuvent rendre les choses désagréables pour toi. Il faut que je voie mon père aujourd'hui et je logerai probablement chez lui jusqu'à mon départ d'Irlande et donc si tu écris écris là. L'adresse est 7 S. Peter's Terrace, Cabra, Dublin. Adieu donc, chère Nora, jusqu'à demain soir.

Jim

À Nora Barnacle

[26 septembre 1904]

7 S. Peter's Terrace, Cabra, Dublin

Ma Nora chérie Je dois te dire combien je me sens malheureux depuis hier soir. Je pensais, à ma façon habituelle d'envisager les choses, que j'avais pris froid mais je suis sûr que c'est plus qu'une affection physique. Combien les mots sont peu nécessaires entre nous ! Nous semblons nous connaître même si nous ne disons rien pendant des heures. Je me demande souvent si tu te rends tout à fait compte de ce que nous sommes sur le point de faire. Je pense si peu à moi-même lorsque je suis avec toi que je doute souvent que tu t'en rendes vraiment compte. Au simple souvenir de toi je suis envahi par une sorte de sourde somnolence. L'énergie nécessaire pour mener une conversation semble m'avoir abandonné ces derniers temps et je me retrouve constamment glissant dans le silence. D'une certaine façon il me semble dommage que nous ne nous en disions pas davantage l'un à l'autre et pourtant je sais combien il est futile de faire des reproches, que ce soit à toi ou à moi-même, car je sais que la prochaine fois que je te retrouverai nos lèvres deviendront muettes. Tu vois comme je me mets à bavasser dans ces lettres. Et pourtant pourquoi devrais-je avoir honte des mots ? Pourquoi ne devrais-je pas te donner le nom que je te donne continuellement dans mon cœur ? Qu'est-ce qui m'en empêche si ce n'est qu'aucun mot n'est assez tendre pour être ton nom ?[1]

JIM

Écris si tu peux trouver le temps.

À Nora Barnacle

29 septembre 1904 Saint-Michel
7 S. Peter's Terrace, Cabra, Dublin

Ma Nora chérie J'ai écrit à ces personnes de Londres et ai mentionné que *tu* étais prête à accepter leur offre. L'idée de Londres ne me plaît pas et je suis sûr que cela ne te plaira pas non plus mais en même temps c'est sur la route de Paris et c'est peut-être mieux qu'Amsterdam. En outre j'aurai peut-être quelques affaires à régler à Londres qu'il me

1. Dans la nouvelle « Les Morts » (*Dublinois*), Gabriel Conroy se souvient avoir écrit à Gretta avant leur mariage : « *Pourquoi de tels mots me paraissent-ils si ternes et si froids ? Est-ce parce qu'il n'est point de mot assez tendre pour être ton nom ?* » (James Joyce, *Œuvres*, I, Paris, Gallimard, 1982, 301, traduction de Jacques Aubert).

faut régler personnellement. Malgré tout je regrette beaucoup que nous devions commencer à Londres. Peut-être que je serai envoyé directement à Paris, j'espère que ce sera le cas.

J'ai parlé ensuite à Mr Cosgrave et je découvre que je lui ai involontairement fait du tort. Il apparaît qu'il croyait ce qu'il t'a dit. En conséquence je ne lui ai pas rapporté ton conseil sur son port de tête. Mr Cosgrave est ce qu'on appelle un homme « solide » et il regarde toujours les choses du point de vue le plus raisonnable.

Parfois cette aventure qui est la nôtre me fait l'impression d'être presque amusante. Cela m'amuse de penser à l'effet que la nouvelle produira dans mon cercle d'amis. De toute façon, lorsque nous serons bien installés au Quartier latin ils pourront parler tant qu'ils voudront.

La perspective de passer la journée d'aujourd'hui sans te voir ne me plaît pas – hier soir compte à peine. J'espère que tu as l'esprit plus serein maintenant que la sirène du bateau commence vraiment à nous appeler. Tu m'as demandé de t'écrire une longue lettre mais vraiment je déteste écrire – c'est une façon si insatisfaisante de dire les choses. En même temps n'oublie pas que j'attends de toi que tu écrives si bien sûr tu peux. Je m'aperçois maintenant en lisant cette lettre que je n'y ai rien dit. Pourtant c'est aussi bien que je l'envoie car elle peut alléger l'ennui de ta soirée.

Le soleil brille froidement à travers les arbres du jardin ici. Le monsieur de la chapelle vient de sonner l'angélus. Mon frère me fait des grimaces à l'autre bout de la table. Maintenant fais-toi une image de moi si tu peux. Adieu donc, ma chérie *,

JIM

À Nora Barnacle

[? Décembre 1904]

Caffé Miramar, Pola, Autriche

Chère Nora Pour l'amour du ciel ne soyons surtout pas malheureux ce soir. Si quelque

---

* En français dans le texte.

chose ne va pas dis-le-moi je t'en prie. Je commence déjà à trembler et si tu ne me regardes
pas bientôt comme tu le faisais avant je vais
être forcé de courir dans le café dans tous les
sens. Rien de ce que tu puisses faire ne me
contrariera ce soir. Rien ne pourra me rendre
malheureux. Lorsque nous rentrerons je
t'embrasserai cent fois. Est-ce que ce type t'a
ennuyée ou t'ai-je ennuyée en ne venant pas ?

JIM

James Joyce, âgé de vingt-deux ans, 1904.
(State University of New York à Buffalo)

1909

À Nora Barnacle Joyce

Cachet de la poste 29 juillet 1909

                44 Fontenoy Street, Dublin

Nous sommes arrivés ici sans encombre ce soir.[1]

La première chose que j'ai vue sur la jetée de Kingstown fut le dos épais de Gogarty mais je l'ai évité.

Tous sont ravis de voir Georgie, particuliè-rement Pappie.

---

1. Joyce et son fils George allèrent à Dublin à la fin de juillet 1909 et y restèrent jusqu'au 9 septembre.

Écris à l'une des filles pour lui donner des instructions le concernant.

Baisers à Lucia

JIM

À Nora Barnacle Joyce

[6 août 1909]   44 Fontenoy Street, Dublin

Nora Je ne vais pas à Galway et Georgie non plus.

Je vais abandonner l'affaire pour laquelle je suis venu et dont j'espérais qu'elle améliorerait ma situation.

J'ai été franc dans ce que je t'ai dit de moi-même. Toi, tu ne l'as pas été avec moi.

À l'époque où je te retrouvais au coin de Merrion Square et allais me promener avec toi et sentais ta main me toucher dans l'obscurité et entendais ta voix (Ô Nora ! Je n'entendrai plus jamais cette musique car je ne peux plus croire) à l'époque où je te retrouvais, *un soir sur deux* tu avais un rendez-vous avec un de mes amis devant le Musée, tu marchais avec lui dans les mêmes rues, le long du canal, devant la « maison avec un étage », jusqu'au quai de la Dodder. Tu t'arrêtais là avec lui : il t'enlaçait et tu levais ton visage et l'embrassais. Qu'avez-vous fait d'autre ensemble ? Et le lendemain tu *me* retrouvais !

J'ai appris cela il y a seulement une heure de sa propre bouche. Mes yeux sont pleins de larmes, larmes de chagrin et de mortification. Mon cœur est plein d'amertume et de désespoir. Je ne peux rien voir d'autre que ton visage levé alors pour rejoindre celui d'un autre. Ô Nora, aie pitié de moi pour ce dont je souffre maintenant. Je vais pleurer pendant des jours. Ma foi en ce visage que j'aimais est détruite. Ô, Nora, Nora aie pitié de mon pauvre amour misérable. Je ne peux te donner aucun des noms qui me sont chers car ce soir j'ai appris que le seul être en qui je croyais n'était pas loyal envers moi.

Ô Nora tout doit-il être fini entre nous ?

Écris-moi, Nora, par égard pour mon amour mort. Je suis torturé par les souvenirs.

Écris-moi, Nora, je n'aimais que toi : et tu as détruit ma foi en toi.

Ô, Nora, je suis malheureux. Je pleure mon pauvre amour malheureux.

Écris-moi, Nora.

JIM

À Nora Barnacle Joyce

7 août 1909   44 Fontenoy Street

Il est six heures et demie du matin et j'écris dans le froid. J'ai à peine dormi de toute la nuit.

Georgie est-il mon fils ? La première nuit où j'ai couché avec toi à Zurich était le 11 octobre et il est né le 27 juillet. Cela fait neuf mois et 16 jours. Je me souviens qu'il y avait très peu de sang cette nuit-là. As-tu été baisée par quelqu'un avant de venir me rejoindre ? Tu m'as dit qu'un monsieur du nom de Holohan (un bon catholique, bien sûr, qui fait ses Pâques régulièrement) voulait te baiser lorsque tu étais dans cet hôtel, en utilisant ce qu'ils appellent une « capote anglaise ». L'a-t-il fait ? Ou lui as-tu seulement permis de te caresser et de te tripoter de ses mains ?

Dis-moi. Lorsque tu étais dans ce champ près de la Dodder (les soirs où je n'étais *pas* là) avec cet autre homme (un de mes « amis ») étiez-vous allongés lorsque vous vous embrassiez ? As-tu posé ta main sur lui comme tu le faisais avec moi dans l'obscurité et lui as-tu dit comme tu me le disais « Qu'est-ce que c'est, mon chéri ? » Un jour j'ai déambulé dans les rues de Dublin n'entendant rien d'autre que ces mots, me les répétant sans cesse à moi-même et m'arrêtant pour mieux entendre la voix de ma bien-aimée.

Que va devenir mon amour, maintenant ? Comment chasser le visage qui s'interpose maintenant sans cesse entre nos lèvres ? Un soir sur deux dans les mêmes rues !

J'ai été un imbécile. Je croyais tout le temps que tu ne te donnais qu'à moi et tu partageais ton corps entre moi et un autre. Ici à Dublin on fait circuler la rumeur que j'ai pris les restes d'autres. Peut-être rient-ils lorsqu'ils me voient montrer fièrement « *mon* » fils dans les rues.

Ô Nora ! Nora ! Nora ! Je parle maintenant à la jeune fille que j'aimais, qui avait les cheveux brun-roux et marchait doucement vers moi et me prenait si facilement dans ses bras et faisait de moi un homme.

Je partirai pour Trieste dès que Stannie m'enverra l'argent, et alors nous envisagerons quelle est la meilleure solution.

Ô, Nora y a-t-il encore quelque espoir de bonheur pour moi ? Ou ma vie va-t-elle être brisée ? On dit ici que je suis dans un état de consomption. Si je pouvais oublier mes livres et mes enfants et oublier que la jeune fille que j'aimais m'a trompé et me souvenir d'elle seulement comme je la voyais avec les yeux de mon amour de jeune homme je quitterais la vie content. Comme je me sens vieux et misérable !

JIM

À Nora Barnacle Joyce

19 août 1909   44 Fontenoy Street, Dublin

Ma chérie Je suis terriblement bouleversé que tu n'aies pas écrit. Es-tu malade ?

J'ai parlé de cette affaire à un vieil ami, Byrne, et il a magnifiquement pris ton parti et il dit que c'est un « foutu mensonge ».

Quel type lamentable je suis ! Mais après cela je serai digne de ton amour, ma chérie.

Je t'ai envoyé trois énormes paquets de cacao aujourd'hui. Dis-moi si tu les as bien reçus.

Ma sœur Poppie part demain.

Aujourd'hui j'ai signé un contrat pour la publication de *Dublinois*.

Excuse-moi auprès de Stannie de ne pas lui avoir écrit.

Ma douce noble Nora, je te demande de me pardonner ma conduite méprisable mais ils m'ont rendu fou, chérie, à eux deux.[1] Nous

---

1. J. F. Byrne laissa entendre à Joyce que Vincent Cosgrave et Oliver St John Gogarty s'étaient entendus pour briser le couple Joyce.

vaincrons leur lâche machination, mon amour. Pardonne-moi, ma chérie, tu veux bien ?

Dis-moi juste un mot, ma chérie, un mot pour démentir et Ô je serai si transporté de bonheur !

Vas-tu bien, ma chérie ? Tu ne te tourmentes pas, j'espère ? Ne relis pas ces horribles lettres que j'ai écrites. J'étais fou de rage à ce moment-là.

Il faut maintenant que je fasse tout le chemin pour aller à la Poste centrale et envoyer cette lettre car ici l'heure de la levée est passée : il est plus d'une heure du matin.

Bonne nuit « mon trésor » !

Aucun homme, je crois, ne peut être jamais digne de l'amour d'une femme.

Ma chérie, pardonne-moi. Je t'aime et c'est pourquoi cela me rendait tellement fou de penser à toi et à ce vulgaire, cet ignoble misérable.

Nora ma chérie, je te prie humblement de m'excuser. Prends-moi de nouveau dans tes bras. Rends-moi digne de toi.

Je finirai par vaincre et alors tu seras à mon côté.

Bonne nuit « ma chérie » « mon trésor ». Toute une vie s'ouvre devant nous maintenant. Cela a été une amère expérience et notre amour sera maintenant plus tendre.

Donne-moi tes lèvres, mon amour.

> « Mon baiser donnera maintenant la paix
> Et la sérénité à ton cœur.
> Dors en paix maintenant,
> Ô cœur inquiet »[1]

JIM

À Nora Barnacle Joyce

21 août 1909   44 Fontenoy Street, Dublin

Ma chère petite Nora Je *pense* que tu es amoureuse de moi, n'est-ce pas ? Je me plais à penser à toi en train de lire mes poèmes (bien qu'il t'ait fallu cinq ans pour les découvrir). Lorsque je les ai écrits j'étais un étrange garçon solitaire, déambulant seul la nuit et

---

1. *Musique de chambre*, XXXIV.

pensant qu'un jour une jeune fille m'aimerait. Mais je n'arrivais jamais à parler aux jeunes filles que je rencontrais chez des gens. Leurs manières hypocrites m'arrêtaient immédiatement. Puis tu es venue vers moi. D'une certaine façon tu n'étais pas la jeune fille dont j'avais rêvé et pour qui j'avais écrit les poèmes que tu trouves maintenant si enchanteurs. C'était peut-être (telle que je la voyais dans mon imagination) une jeune fille dont la curieuse beauté grave avait été façonnée par la culture des générations qui l'avaient précédée, la femme pour qui j'ai écrit des poèmes comme « Douce dame » ou « À la coquille de la nuit ». Mais ensuite je vis que la beauté de ton âme éclipsait celle de mes poèmes. Il y avait en toi quelque chose de plus élevé que tout ce que j'avais pu mettre en eux. Et pour cette raison le livre de poèmes t'est donc destiné. Il contient le désir de ma jeunesse et toi, ma chérie, tu as été l'accomplissement de ce désir.

Ai-je été cruel avec toi ? Il est une cruauté au moins dont je n'ai pas été coupable. Je n'ai pas tué l'amour chaleureux, impulsif, source de vie, de ta riche nature. Regarde maintenant, ma chérie, dans les profondeurs de ton propre cœur et dis-moi qu'en vivant à mon côté tu n'as pas vu ton cœur vieillir et se durcir. Non, tu es maintenant capable d'éprouver un sentiment plus profond et plus noble qu'alors. Dis-moi, ma petite Nora à moi, que ma compagnie fut bonne pour toi et je te dirai avec franchise tout ce que ta compagnie a signifié pour moi.

Sais-tu ce qu'est une perle et ce qu'est une opale ? Mon âme lorsque tu t'es avancée vers moi pour la première fois de ton pas léger par ces douces soirées d'été était belle mais de la beauté pâle et sans passion d'une perle. Ton amour m'a traversé et maintenant j'ai l'impression que mon esprit est comme une opale, c'est-à-dire plein de reflets et de couleurs, de lumières chaleureuses et d'ombres fugitives et de musique intermittente.

Je suis si agité, Nora bien-aimée, lorsque je me demande comment je vais pouvoir réunir de l'argent pour faire venir Eva[1] et payer mon propre voyage et aussi pour aller à Galway voir

1. Eva Mary Joyce (1891-1957), sœur de James Joyce.

ta famille. J'ai écrit aujourd'hui à ta mère mais en réalité je n'ai pas envie d'y aller. Ils me parleront de toi et de choses qui me sont inconnues. Je redoute qu'on me montre même une photo de toi petite fille car je penserai « Je ne la connaissais pas alors et elle ne me connaissait pas non plus. Lorsqu'elle allait à la messe le matin de son pas léger elle lançait parfois de longs regards vers quelque garçon sur la route. Vers d'autres mais pas vers moi. »

Je te demanderai, ma chérie, d'être patiente avec moi. Je suis absurdement jaloux du passé.

Sois heureuse, ma Nora au cœur simple, jusqu'à mon retour. Dis à Stannie de m'envoyer toute une masse d'argent et rapidement pour que nous puissions nous retrouver bientôt. Te souviens-tu du jour où je t'ai demandé d'un ton indifférent « Où te retrouverai-je ce soir ? » et tu as dit sans y penser « Où me retrouveras-tu, c'est cela ? Tu me retrouveras au lit, je suppose. »

Magari ! Magari ![1]

JIM

---

1. « Si seulement il en était ainsi ! » (italien).

À Nora Barnacle Joyce

22 août 1909   44 Fontenoy Street, Dublin

Cher amour Comme j'en ai marre, marre, marre de Dublin ! C'est une ville d'échec, de rancœur et de malheur. Il me tarde d'en être sorti.

Je pense toujours à toi. Lorsque je vais me coucher le soir c'est pour moi une sorte de torture. Je n'écrirai pas sur cette page ce qui remplit mon esprit, la folie même du désir. Je te vois dans une centaine de poses, grotesques, impudiques, virginales, langoureuses. Donne-toi à moi, ma chérie, tout entière, tout entière lorsque nous nous retrouverons. Tout ce qui est sacré, caché aux autres, tu dois me le donner sans compter. Je désire être le maître de ton corps et de ton âme.

Il est une lettre que je n'ose pas être le premier à écrire et que cependant j'espère chaque jour que tu m'écriras. Une lettre seulement destinée à moi. Peut-être me l'écriras-tu et peut-être calmera-t-elle l'angoisse de mon désir.

Qu'est-ce qui peut maintenant s'interposer entre nous ? Nous avons souffert et subi l'épreuve. Tous les voiles de honte ou de timidité semblent être tombés. Ne verrons-nous pas dans les yeux l'un de l'autre les heures et les heures de bonheur qui nous attendent ?

Pare ton corps pour moi, ma chérie. Sois belle et heureuse et aimante et provocante, pleine de souvenirs, pleine de désirs, lorsque nous nous retrouverons. Te souviens-tu des trois adjectifs que j'ai utilisés dans *Les Morts* pour parler de ton corps. Ce sont : « musical et étrange et parfumé ».

Ma jalousie couve encore dans mon cœur. Ton amour pour moi doit être ardent et violent pour me faire oublier *totalement*.

Ne me laisse jamais perdre l'amour que j'ai pour toi maintenant, Nora. Si nous pouvions continuer ensemble à travers la vie de cette manière combien nous serions heureux. Laisse-moi t'aimer, Nora. Ne tue pas mon amour.

Je t'apporte un petit présent. C'est entièrement une idée de moi et j'ai eu beaucoup de mal à le faire faire comme je le voulais. Mais il te rappellera toujours cette époque.

Écris-moi, ma chérie, et pense à moi.

Qu'est-ce qu'une semaine ou dix jours comparés à toute la période de bonheur qui nous attend !

JIM

À Nora Barnacle Joyce
(carte postale illustrée)

26 août 1909   4 Bowling Green, Galway

Ma chère petite Nora en fuite Je t'écris cette lettre assis à la table de la cuisine dans la maison de ta mère !! J'ai passé toute la journée ici à parler avec elle et je vois qu'elle est la mère de ma chérie et je l'aime beaucoup. Elle a chanté pour moi *La Fille d'Aughrim*[1] mais

---

1. Joyce chantait souvent cette chanson et lui donna un rôle essentiel à la fin des « Morts ». L'histoire est celle d'une jeune fille séduite et abandonnée par lord Gregory. Elle vient sous la pluie, leur bébé dans les bras, pour supplier qu'on la laisse entrer dans la maison, mais le lord, feignant de croire à une imposture,

elle n'a pas envie de me chanter les derniers couplets où les amants échangent leurs gages. Je passerai la nuit à Galway.

Comme la vie est étrange, mon cher amour ? Imagine ma présence ici ! Je suis allé voir la maison d'Augustine Street où tu as habité avec ta grand-mère et demain matin je vais la visiter, en donnant pour prétexte que je veux l'acheter, afin de voir la pièce où tu dormais.

lui pose plusieurs questions. Trois des couplets se déroulent approximativement ainsi :

> Si tu es la jeune fille d'Aughrim
> Comme je suppose que tu veux le dire
> Dis-moi quel fut le premier gage
> Qui fut échangé entre nous.

> Ô ne vous souvenez-vous pas
> Ce soir, là-bas, sur cette colline dénudée
> Lorsque nous nous retrouvâmes
> Ce que je regrette maintenant d'avoir à dire.

> La pluie tombe sur mes boucles blondes
> Et la rosée mouille ma peau
> Mon petit enfant gît glacé dans mes bras ;
> Lord Gregory, laissez-moi entrer.

Je leur ai demandé des photographies de toi petite fille mais ils n'en ont aucune.

Qui sait, ma chérie, si l'année prochaine toi et moi ne viendrons pas peut-être ici. Tu m'emmèneras de lieu en lieu et l'image de ta jeunesse purifiera de nouveau ma vie.

JIM

À Nora Barnacle Joyce

31 août 1909   44 Fontenoy Street, Dublin

Ma chérie Il est maintenant presque deux heures du matin. Mes mains tremblent de froid car j'ai dû sortir pour ramener à la maison mes sœurs qui étaient à une soirée : et maintenant il faut que je marche jusqu'à la Poste principale. Mais je ne veux pas que mon amour soit sans sa lettre demain matin.

L'objet décoré que j'ai fait faire expressément pour toi est maintenant en lieu sûr dans ma poche. Je le montre à tout le monde pour que tout le monde sache que je t'aime, Nora chérie, et que je pense à toi, ma chérie, et désire t'honorer.

Il y a une heure je chantais la chanson *La Fille d'Aughrim*. Les larmes me sont montées aux yeux et ma voix tremble d'émotion lorsque je chante cet air charmant. Cela valait la peine de venir en Irlande pour l'entendre par la voix de ta pauvre gentille mère – que j'aime *beaucoup*, chère Nora.

C'est peut-être dans l'art, Nora bien-aimée, que toi et moi trouverons un réconfort pour notre amour. J'aimerais que tu sois entourée de tout ce qui est élégant et beau et noble en art. Tu n'es pas, comme tu le dis, une pauvre fille sans éducation. Tu es mon épouse, ma chérie, et tout le plaisir et la joie que je peux te donner dans cette vie, je souhaite te les donner.

Nora ma chérie, que notre amour tel qu'il est à présent ne finisse jamais. Tu comprends maintenant ton étrange amant, égaré, entêté, jaloux, n'est-ce pas, ma chérie ? Tu essaieras de le retenir lors de ses humeurs vagabondes, n'est-ce pas, ma chérie ? Il t'aime, n'oublie jamais cela. Il n'a jamais eu une parcelle d'amour pour personne d'autre que toi. C'est toi qui as ouvert un gouffre profond dans sa vie.

Tout mot vulgaire prononcé me blesse désormais car je sens qu'il te blesserait. Lorsque je te courtisais (et tu avais seulement dix-neuf ans, ma chérie, combien j'ai plaisir à penser à cela !) c'était la même chose. Tu as été pour le début de mon âge d'homme ce que l'idée de la Sainte Vierge fut pour mon enfance.

Ô dis-moi, mon doux amour, que tu es satisfaite de moi maintenant. Un mot d'éloge de toi me remplit de joie, d'une joie douce semblable à une rose.

Nos enfants (quel que soit mon amour pour eux) ne doivent pas s'interposer entre nous. S'ils sont bons et d'une nature noble c'est à cause de *nous*, ma chérie. Nous nous sommes rencontrés et avons uni nos corps et nos âmes librement et noblement et nos enfants sont le fruit de nos corps.

Bonne nuit, ma petite fille bien-aimée, ma petite épouse de Galway, mon tendre amour d'Irlande.

Combien j'aimerais te surprendre maintenant dans ton sommeil ! Il est un endroit où
j'aimerais t'embrasser maintenant, un endroit
étrange, Nora. Pas sur les lèvres, Nora.

Sais-tu où ?

Bonne nuit, ma bien-aimée !

JIM

À Nora Barnacle Joyce

2 [septembre] 1909   44 Fontenoy Street, Dublin

Chère Nora Je n'ai reçu aucune lettre de toi
aujourd'hui et j'espère que tu ne m'as pas écrit
à l'adresse de Galway. J'ai oublié de te dire de
ne pas le faire.

Je suis dans un misérable état de confusion
et d'abattement parce que j'ai fait ce que je
t'ai dit. Lorsque je me suis réveillé ce matin
et me suis souvenu de la lettre que je t'ai écrite
hier soir je me suis senti dégoûté de moi-
même. Cependant si tu relis toutes mes lettres
depuis le début tu pourras te faire une idée de
ce que je ressens pour toi.

Pas un seul jour de mes vacances ne m'a donné de plaisir. Ta mère a remarqué mon habitude de soupirer et m'a dit que je me briserais le cœur. Je suppose que c'est mauvais pour moi.

J'espère que tu prends ce cacao chaque jour et que cela te fait *un peu* grossir. Je suppose que tu sais pourquoi j'espère cela.

Je suis fou d'inquiétude pour toi, pour moi-même, pour le voyage de retour avec Eva. J'espère que Stannie m'enverra assez d'argent pour nous deux.

Dublin est une ville détestable et les gens m'apparaissent tout à fait repoussants. Je ne peux rien manger tellement je suis agité.

Quand est-ce que cette maudite affaire va se terminer ? Quand vais-je partir ? Mon cerveau est vide. Je ne peux rien t'écrire ce soir.

Nora, mon « véritable amour », il faut vraiment que tu me prennes en main. Pourquoi m'as-tu laissé me mettre dans cet état ? Accepteras-tu, ma chérie, de me prendre comme je suis avec mes péchés et mes folies et de me protéger du chagrin. Si tu refuses je sens que ma vie va s'effondrer. Ce soir j'ai une idée plus folle que d'habitude. J'ai l'impression que j'aimerais être flagellé par toi. J'aimerais voir tes yeux enflammés de colère.

Je me demande s'il y a quelque folie en moi. Ou l'amour est-il une folie ? À certains moments je te vois comme une vierge ou une madone et le moment suivant je te vois impudique, insolente, demi-nue et obscène ! Que penses-tu de moi au fond ? Es-tu dégoûtée de moi ?

Je me souviens de la première nuit à Pola lorsque dans le tumulte de nos étreintes tu as utilisé un certain mot. C'était un mot de provocation, d'invitation et je vois encore ton visage au-dessus de moi (tu étais *au-dessus* de moi cette nuit-là) alors que tu le murmurais. Il y avait de la folie dans *tes* yeux aussi et quant à moi, même si l'enfer m'avait attendu ensuite, je n'aurais pu me retenir de t'étreindre.

Es-tu donc aussi, comme moi, à un moment dans les hauteurs des étoiles, au moment suivant plus bas que les plus viles créatures ?

Je crois *immensément* en le pouvoir d'une âme simple et noble. Tu es cela, n'est-ce pas, Nora ?

Je veux que tu te dises : Jim, ce pauvre garçon que j'aime, revient. C'est un pauvre homme, faible et impulsif, et il m'implore de le défendre et de le rendre fort.

J'ai donné à d'autres mon orgueil et ma joie. À toi je donne mon péché, ma folie, ma faiblesse et ma tristesse.

JIM

À Nora Barnacle Joyce

3 septembre 1909   44 Fontenoy Street, Dublin

Mon grand amour Ton cadeau est devant moi sur la table tandis que j'écris, prêt pour toi. Je vais maintenant te le décrire. C'est un boîtier plat carré de cuir brun avec deux étroites bordures dorées. Lorsque l'on presse un ressort il s'ouvre et l'intérieur du boîtier lui-même est garni d'une douce soie orange. Une petite carte carrée est posée dans le boîtier et sur la carte est écrit en encre dorée le nom *Nora* et en dessous les dates *1904-1909*. Sous la carte se trouve l'objet décoré lui-même. Il y a cinq petits cubes semblables à des dés (un pour chacune des années pendant lesquelles nous avons été absents de Dublin) taillés dans un ivoire jaunâtre qui a plus de cent ans. Ils sont troués et reliés par une mince chaîne d'or dont les maillons ressemblent à de petites épingles de nourrice de sorte que l'ensemble de la chaîne forme un petit collier et le fermoir est derrière entre les dés du milieu. Au centre de la chaîne sur le devant et faisant partie de la chaîne elle-même (*non pas* suspendue comme un pendentif) il y a une petite plaque elle aussi d'ivoire jaunâtre qui est percée comme les dés et est à peu près de la taille d'une petite pièce de dominos. Cette plaque a sur les deux côtés une inscription et les lettres y sont gravées. Les lettres elles-mêmes ont été choisies dans un livre ancien de caractères typographiques et sont dans le style du quatorzième siècle et très belles et ornementales. Il y a trois mots gravés sur le dessus de la plaque, deux en haut et un en dessous, et sur le revers de la plaque il y a quatre mots gravés, deux en haut et deux en dessous. L'inscription (lorsqu'on lit les deux côtés) est le dernier vers de l'un des premiers chants de mon livre de poèmes[1], qui a aussi été mis en musique : et le vers est donc gravé, trois mots sur le recto et quatre au verso. Au recto les mots *L'amour est malheureux* et les mots au verso sont *Quand l'amour est absent*. Les cinq dés signifient les cinq années d'épreuves et de malentendus, et la plaque qui unit la chaîne raconte l'étrange tristesse que nous avons ressentie et notre souffrance lorsque nous étions séparés.

C'est là mon cadeau, Nora. J'y ai réfléchi longtemps et j'ai fait en sorte que chaque partie en soit faite comme je le voulais.

Sauve-moi, mon *véritable* amour ! Sauve-moi de la méchanceté du monde et de celle de mon propre cœur !

JIM

---

1. *Musique de chambre*, IX.

5 septembre 1909   44 Fontenoy Street, Dublin

Ma petite fille bien-aimée Demain soir (mardi) si je reçois l'argent télégraphié j'espère partir avec Eva et Georgie.

J'ai maintenant quelques nouvelles pour toi, ma chérie. Mon grand ami Kettle doit se marier mercredi et ce soir j'ai eu une conversation de quatre heures avec lui. C'est le meilleur ami que j'aie en Irlande, je crois, et il m'a rendu de grands services ici. Lui et sa femme viennent à Trieste passer un jour ou deux pendant leur voyage de noces et je suis sûr, ma chérie, que tu m'aideras à leur faire bon accueil. Mets de l'ordre dans la maison et assure-toi que le piano n'est pas ouvert et porte des robes convenables. Demande au menuisier de livrer la table et les tabourets. C'est un garçon très généreux et je suis sûr que tu aimeras sa femme. Malheureusement je n'ai pas d'argent pour leur faire un cadeau. Mais je vais envoyer un exemplaire de *Musique de chambre* de Londres. Dis à Stannie de le porter chez mon relieur et de le faire relier exactement comme celui que j'ai donné à Schott et <u>immédiatement</u> pour que cela soit prêt lorsqu'ils arriveront. Nous essaierons de les recevoir du mieux que nous pourrons et je suis sûr que ma fillette au cœur généreux sera heureuse de faire plaisir à deux personnes qui sont au seuil de leur vie commune. N'est-ce pas, ma chérie ?

Et maintenant parlons de nous. Ma chérie, ce soir j'étais au Gresham Hotel et j'ai été présenté à une vingtaine de personnes et on a dit à tous la même histoire : que j'allais être pour mon pays le grand écrivain de l'avenir. Tout ce bruit et ces flatteries autour de moi me touchaient à peine. Dans mes pensées j'entendais mon pays qui m'appelait ou je voyais ses yeux qui se tournaient vers moi avec espoir. Mais Ô, mon amour je pensais aussi à autre chose. Je pensais à quelqu'un qui me tenait dans sa main comme un petit caillou, quelqu'un dont l'amour et la présence doivent encore m'apprendre les secrets de la vie. Je pensais à toi, ma chérie, tu es pour moi plus que le monde.

Guide-moi, ma sainte, mon ange. Conduis-moi sur ma route. <u>Tout</u> ce qui est noble et exalté et profond et vrai et émouvant dans ce que j'écris vient, je le crois, de toi. Ô accueille moi au plus profond de ton âme et alors je deviendrai vraiment le poète de ma race. Je ressens cela, Nora, en l'écrivant. Mon corps pénétrera bientôt le tien, Ô si seulement mon âme pouvait faire de même ! Ô si je pouvais me blottir dans ton ventre comme un enfant né de ta chair et de ton sang, être nourri de ton sang, dormir dans la chaude obscurité secrète de ton corps !

Mon amour sacré, Nora ma chérie, Ô se peut-il que nous soyons sur le point d'entrer dans le paradis de notre vie ?

Ô, comme j'aspire à sentir ton corps mêlé au mien, à te voir défaillir et défaillir et défaillir sous mon baiser !

Bonne nuit, bonne nuit, bonne nuit !

JIM

À Nora Barnacle Joyce

7 septembre 1909   44 Fontenoy Street, Dublin

Ma petite Nora silencieuse Des jours et des
jours ont passé sans une lettre de toi mais je
suppose que tu pensais que je serais déjà parti.
Nous partons demain soir. D'ici la fin de la
semaine ou au plus tard dimanche nous serons
ensemble, j'espère.

Maintenant, Nora ma chérie, je veux que
tu lises et relises sans cesse tout ce que je t'ai
écrit. Certaines pages sont laides, obscènes et
bestiales, certaines sont pures et sacrées et spi-
rituelles : je suis tout cela. Et je pense que
maintenant tu vois ce que je ressens pour toi.
Tu ne me feras plus de reproches, n'est-ce
pas, ma chérie ? Tu garderas mon amour toujours vivant. Je suis fatigué ce soir, ma chérie,
et j'aimerais dormir dans tes bras, ne rien faire
d'autre avec toi que simplement dormir, dormir, dormir dans tes bras.

Quelles vacances ! Je ne me suis pas amusé
le moins du monde. Mes nerfs sont dans un
état épouvantable à force d'inquiétude de

toutes sortes. Me soigneras-tu lorsque je reviendrai auprès de toi ?

J'espère que tu prends ce cacao tous les jours et j'espère que ce petit corps qui est le tien (ou plutôt *certaines* parties de ce corps) se remplissent un peu. Je ris à cet instant en pensant à ces seins de petite fille qui sont les tiens. Tu es une personne ridicule, Nora ! Souviens-toi que tu as maintenant vingt-quatre ans et que ton premier enfant a quatre ans. Bon sang, Nora, il faut que tu essaies de vivre conformément à ta réputation et que tu cesses d'être la petite fille curieuse de Galway que tu es et que tu deviennes pleinement femme, heureuse, aimante.

Et pourtant combien mon cœur s'attendrit lorsque je pense à tes épaules frêles et à tes membres de petite fille. Quelle coquine tu es ! Est-ce pour avoir l'air d'une petite fille que tu as coupé les poils entre tes jambes ? J'aimerais que tu portes des sous-vêtements noirs. J'aimerais que tu étudies l'art de me plaire, de provoquer mon désir pour toi. Et tu le feras, ma chérie, et maintenant nous serons heureux, je le sens.

Combien sera long le voyage de retour mais combien sera merveilleux le premier baiser entre nous. Ne pleure pas, ma chérie, lorsque tu me verras. Je veux voir tes yeux rayonnant dans leur beauté. Quels seront tes premiers mots, je me demande ?

La nostra bella Trieste ! J'ai souvent dit cela d'un ton de colère mais ce soir je sens que c'est vrai. Je meurs d'envie de voir les lumières scintiller le long de la *riva* lorsque le train passe devant Miramar[1]. Après tout, Nora, c'est la ville qui nous a donné abri. J'y suis revenu las et sans argent après la folie que fut mon séjour à Rome et j'y reviens maintenant après cette absence.

Tu m'aimes, n'est-ce pas ? Tu vas maintenant m'accueillir dans ton sein et me protéger et peut-être avoir pitié de mes péchés et de mes folies et me guider comme un enfant.

Je voudrais être dans ce doux sein
(Ô qu'il est doux et charmant !)

1. Château de marbre blanc proche de Trieste, construit par l'archiduc Maximilien en 1856.

101

Où nul vent violent ne pourrait m'atteindre.
Pour échapper aux tristes rigueurs
Je voudrais être dans ce doux sein.

Je voudrais être à jamais dans ce cœur
(Ô doucement je frappe et doucement la
   prie !)
Où je n'aurais que la paix en partage.
Les rigueurs n'en seraient que plus douces
Si j'étais à jamais dans ce cœur.[1]

JIM

À Nora Barnacle Joyce

7 septembre 1909   44 Fontenoy Street, Dublin

Ma chérie Demain nous partons. Au dernier moment j'ai tout réglé et Eva vient. Prépare-toi pour notre arrivée.

J'essayais de me rappeler ton visage mais je ne pouvais voir que tes yeux. Je veux que tu sois dans toute ta beauté pour moi lorsque

1. *Musique de chambre*, VI.

j'arriverai. As-tu de beaux vêtements maintenant ? Tes cheveux ont-ils une belle couleur
ou sont-ils pleins de cendres ? Tu n'as pas le
droit d'être laide et négligée à ton âge et
j'espère maintenant que tu me feras l'honneur
d'avoir belle allure.

Je suis excité toute la journée. L'amour est
une sacrée calamité en particulier lorsqu'il
s'allie au désir. C'est terriblement contrariant
de penser que tu es là allongée à m'attendre
en ce moment à l'autre bout de l'Europe alors
que je suis ici. Je ne suis *pas* de *bonne* humeur
à cet instant précis.

Je vais plutôt parler de ton cadeau. L'idée
te plaît-elle ? Ou penses-tu qu'elle est aussi
folle que moi ? Ta mère ou ta sœur t'ont-elles
écrit pour te parler de moi ? J'ai plutôt
l'impression qu'elles m'ont apprécié. Comme
je suis stupide de te poser des questions auxquelles tu n'as pas le temps de répondre !

Garde ce piano et fais venir un lit de camp
pour Eva et Georgie. Fais en sorte d'avoir un
bon dîner ou souper ou petit-déjeuner chaud
pour nous lorsque nous arriverons. Tu le
feras, n'est-ce pas ? Tu me feras sentir dès le

premier moment où je mettrai le pied dans ma maison que tout ne sera que bonheur pour moi. Ne te mets pas à me raconter des histoires sur des dettes que nous avons. Je te demanderai, ma chérie, d'être aussi tendre que possible avec moi car je suis terriblement anxieux à cause de tous les tracas et *pensieri* qui me tourmentent, vraiment très très anxieux. Comme ce sera étrange lorsque enfin je t'apercevrai ! Quand je pense que tu attends, que tu attends là-bas mon retour !

J'espère que tu aimeras ma sœur Eva. On dit qu'il est imprudent d'introduire une sœur dans la maison mais c'est toi qui me l'as demandé, ma chérie. Tu seras gentille avec elle, j'en suis sûr, ma petite Nora au grand cœur. Et peut-être que dans deux ans ta sœur Dilly viendra chez nous pour quelques mois.

Ma chérie, j'ai tant de choses à te dire et je te les dirai chaque soir quand nous ne ferons pas autre chose. Quel moment que celui-là, ma chérie ! Un moment passager de folie ou de plaisir divin. Je sais que je perds la raison pendant que dure cet instant. Au début comme tu étais <u>froide</u>, Nora, tu te souviens ? Tu es une petite personne étrange. Et parfois tu es vraiment *très* chaude.

Donne l'impression que nous avons de l'argent lorsque je reviendrai. Voudras-tu me faire une bonne tasse de café noir dans une jolie petite tasse ? Demande à la fille Globocnik, cette pleurnicheuse, comment s'y prendre. Prépare une bonne salade, veux-tu ? Autre chose, n'apporte pas d'oignons ou d'ail dans la maison. Tu vas penser que je vais avoir un enfant. Ce n'est pas cela mais je ne sais que faire tellement je suis bouleversé et excité.

Ma chère, chère, chère petite Nora au revoir maintenant pour ce soir. Je t'ai écrit chaque soir. Maintenant je ne vais pas *trop* mal : et je t'apporte mon cadeau. Ô, Dieu, comme je suis excité !

JIM

À Nora Barnacle Joyce

20 octobre 1909   [Paris]

Je suis arrivé ici aujourd'hui et je pars ce
soir pour Londres.[1] Dis à Stannie d'aller voir
Latzer Via Veneziani, 2, II° à qui j'ai écrit pour
lui dire que mon frère pourrait donner des
leçons en mon absence. Je me dépêche pour
attraper le train et j'ai peur de le manquer. <u>Ne
t'inquiète pas</u>.

JIM

À Nora Barnacle Joyce

[? 25 octobre 1909]

44 Fontenoy Street, Dublin

Ma pauvre petite Nora solitaire J'ai laissé
passer tant de jours sans t'écrire parce que
seulement quelques minutes avant que je

---

1. Joyce repartait pour Dublin, cette fois seul, pour
créer, avec des partenaires triestins, le premier cinéma
à Dublin, le Cinematograph Volta.

106

quitte Trieste tu m'as traité d'imbécile parce que j'étais rentré tard après avoir été si occupé toute la journée. Mais maintenant je le regrette pour toi. Je t'en prie, Nora, ne me dis plus des choses pareilles. Tu sais que je t'aime. Si occupé que je sois depuis que je suis arrivé je me demande toute la journée quels cadeaux je peux t'apporter. J'essaie d'acheter pour toi un splendide ensemble de fourrure, bonnet, étole, et manchon. Est-ce que cela te plairait ?

J'ai l'impression que toute ma journée est gâchée ici parmi les gens vulgaires de Dublin que je déteste et méprise. Mon seul réconfort est de parler de toi à mes sœurs chaque fois que je peux comme je le faisais avec ta sœur Dilly. Il est très cruel que nous soyons séparés. Penses-tu maintenant aux mots qui sont sur ton collier d'ivoire ? Cette fois, j'ai toujours dans mon cœur trois images distinctes de toi. D'abord l'image de toi au moment où je suis arrivé. Je te vois dans le couloir, l'air d'une jeune enfant dans ta robe grise et ton chemisier bleu et j'entends ton étrange appel de bienvenue. Deuxièmement, je te vois telle que tu es venue auprès de moi cette nuit où j'étais étendu endormi sur le lit, tes cheveux dénoués autour de ton visage et les rubans bleus de la chemise. Enfin, je te vois sur le quai de la gare juste après que je t'ai dit au revoir, tournant à demi la tête, l'air malheureux, dans une étrange posture désemparée.

Chère petite fille étrange ! Et pourtant tu m'écris pour me demander si j'en ai assez de toi ! Je n'en aurai jamais assez de toi, ma chérie, si seulement tu veux bien être *un peu* plus polie. Je ne peux pas t'écrire aussi souvent cette fois car je suis terriblement occupé du matin au soir. Ne te tourmente pas, ma chérie. Si tu te tourmentes tu ruineras mes chances de faire quoi que ce soit. Ensuite j'espère que nous aurons beaucoup beaucoup beaucoup de longues années de bonheur ensemble.

Ma chère, bonne, fidèle petite Nora, ne m'écris plus en doutant de moi. Tu es mon seul amour. Tu m'as complètement en ton pouvoir. Je *sais* et je *sens* que si je dois écrire quoi que ce soit de beau ou de noble à l'avenir ce sera seulement en écoutant aux portes de ton cœur.

Quelles agréables conversations nous avons eues ensemble cette fois, n'est-ce pas, Nora ? Eh bien, nous en aurons encore, ma chérie. Coraggio ! S'il te plaît écris-moi une gentille lettre, ma chérie, et dis-moi que tu es heureuse.

Dis à mon beau petit garçon que je viendrai l'embrasser un soir où il sera profondément endormi et qu'il ne faut pas qu'il s'inquiète pour moi et que j'espère qu'il va mieux et dis à ma fille qui aime tant rire que je voudrais lui envoyer une poupée mais que « l'uomo non ha messo la testa encora »[1].

Maintenant, ma splendide petite fille au mauvais caractère et aux mauvaises manières, promets-moi de ne pas pleurer mais de me donner le courage de continuer mon travail ici. J'aimerais que tu ailles écouter Madame Butterfly et que tu penses à moi lorsque tu entendras les mots « Un bel di »[2].

JIM

1. « L'homme n'a pas encore fixé la tête » (italien).
2. « Un beau jour » (italien) (Puccini, *Madame Butterfly*, acte II).

Garde mes lettres pour toi, ma chérie. Elles sont écrites pour toi.

À Nora Barnacle Joyce

27 octobre 1909   Fontenoy Street, Dublin

Ma chérie Ce soir la fièvre ancienne de l'amour a recommencé à s'éveiller en moi. Je suis une coquille d'homme : mon âme est à Trieste. Toi seule me connais et m'aimes. J'ai été au théâtre avec mon père et ma sœur – une pièce lamentable, un public ignoble. Je me suis senti (comme toujours) un étranger dans mon propre pays. Pourtant si tu avais été près de toi [sic] j'aurais pu te dire à l'oreille la haine et le mépris que je sentais brûler en mon cœur. Peut-être m'aurais-tu réprimandé mais tu m'aurais aussi compris. Je me sentais fier de penser que mon fils – le mien et le tien, ce cher beau petit garçon que tu m'as donné, Nora – sera toujours un étranger en Irlande, un homme parlant une autre langue et élevé dans une tradition différente.

J'ai en horreur l'Irlande et les Irlandais. Eux-mêmes me regardent fixement dans la rue bien que je sois né parmi eux. Peut-être lisent-ils dans mes yeux la haine que j'ai pour eux. Je ne vois rien, de quelque côté que je me tourne, que l'image du prêtre adultère et de ses valets et de femmes rusées et perfides. Ce n'est pas bon pour moi de venir ici ou d'être ici. Peut-être que si tu étais avec moi je ne souffrirais pas autant. Pourtant parfois lorsque cette horrible histoire de ton enfance[1] me revient à l'esprit le doute m'assaille et je me dis que même toi tu es secrètement contre moi. Quelques jours avant de quitter Trieste je marchais avec toi dans la Via Stadion (c'est le jour où nous avons acheté le bocal pour la conserva[2]). Un prêtre est passé et je t'ai dit : « Ne ressens-tu pas une sorte de répulsion ou de dégoût à la vue d'un de ces hommes ? » Tu m'as répondu un peu brièvement et sèchement : « Non ». Tu vois, je me souviens de

1. Le père de Nora était alcoolique et à l'âge de seize ans elle avait été en butte aux avances d'un prêtre.
2. « Confiture » (italien).

toutes ces petites choses. Ta réponse m'a blessé et m'a réduit au silence. Cette parole et d'autres choses semblables que tu m'as dites demeurent longtemps dans mon esprit. Es-tu avec moi, Nora, ou es-tu secrètement contre moi ?

Je suis un homme jaloux, solitaire, insatisfait, orgueilleux. Pourquoi n'es-tu pas plus patiente avec moi et plus gentille avec moi ? Le soir où nous sommes allés entendre *Madame Butterfly* ensemble tu m'as traité très grossièrement. Je voulais simplement entendre cette belle musique délicate en ta compagnie. Je voulais sentir ton âme palpiter de désir langoureux comme la mienne lorsque l'héroïne chante la romance de son espoir au second acte *Un bel di* : « Un jour, un jour, nous verrons une volute de fumée s'élever à l'horizon le plus lointain de la mer : et alors le bateau apparaît. » Je suis un peu déçu par toi. Puis un autre soir je suis rentré te rejoindre dans ton lit après être allé au café et je me suis mis à te parler de tout ce que j'espérais faire, et écrire, à l'avenir, et de ces ambitions illimitées qui sont vraiment les forces dominantes de ma vie. Tu n'as pas voulu m'écouter. Il était très tard je sais et bien sûr la journée t'avait épuisée. Mais un homme dont le cerveau brûle d'espoir et de confiance en lui-même *doit* dire à quelqu'un ce qu'il ressent. À qui d'autre que toi devrais-je le dire ?

Je t'aime profondément et sincèrement, Nora. Je me sens digne de toi maintenant. Il n'y a pas une parcelle de mon amour qui ne soit pour toi. Malgré ces choses qui obscurcissent mon esprit contre toi je te vois toujours sous tes meilleurs aspects lorsque je pense à toi. Si seulement tu me laissais faire je te parlerais de tout ce qu'il y a dans ma tête mais parfois j'imagine à ta mine que je t'ennuierais tout simplement. Quoi qu'il en soit, Nora, je t'aime. Je ne peux pas vivre sans toi. Je voudrais te donner tout ce qui m'appartient, tout ce que j'ai de savoir (si peu qu'il y en ait), toutes les émotions que je ressens ou ai ressenties, tout ce pour quoi j'ai du goût ou de l'aversion, tous les espoirs ou remords que je ressens. J'aimerais traverser la vie à ton côté, te disant de plus en plus de choses jusqu'à ce que nous devenions un seul être, jusqu'à ce que vienne pour nous l'heure de mourir. En ce moment même les larmes me montent aux yeux et des sanglots étouffent ma gorge alors que j'écris. Nora, nous n'avons qu'une seule vie brève pendant laquelle aimer. Ô ma chérie sois seulement un peu plus tendre avec moi, aie un peu de patience avec moi même lorsque je manque d'égards et suis indiscipliné et crois-moi nous serons heureux ensemble. Laisse moi t'aimer à ma manière. Laisse-moi garder ton cœur toujours proche du mien pour que tu entendes chaque palpitation de ma vie, chaque peine, chaque joie.

Te souviens-tu de ce dimanche soir en revenant de *Werther*[1], lorsque l'écho de cette triste musique funèbre résonnait encore dans nos souvenirs et qu'allongé sur le lit dans notre chambre, j'ai essayé de te dire ces vers que j'aime tant du *Connacht Love Song* qui commencent par

« Je suis loin, je suis loin
Du Connemara où tu es »

1. *Werther* (1892), opéra de Jules Massenet.

Te souviens-tu que je n'arrivais pas à finir ces vers ? L'immense émotion de tendre vénération pour ton image qui jaillissait de ma voix alors que je répétais ces vers était trop pour moi. Mon amour pour toi est véritablement une sorte d'adoration.

À présent, ma chérie, je veux que nous soyons heureux. Essaie de retrouver une meilleure santé pendant que je suis absent et je t'en prie obéis-moi pour les petites choses que je te demande de faire. D'abord, manger autant que tu peux afin de ressembler davantage à une femme qu'à la mince petite fille, gauche et naïve, que tu es. Si le cacao que je t'ai envoyé est épuisé demande à Stannie d'en commander : le prix est 5 shillings 6 pence. Entre-temps bois beaucoup de l'autre cacao et de chocolat. Paie-le en utilisant l'argent destiné à la couturière. Je t'ai envoyé aujourd'hui deux carnets de modèles parmi lesquels choisir. Samedi je t'envoie six ou sept mètres de tweed du Donegal pour te faire faire une nouvelle robe. Je me suis renseigné pour un ensemble en fourrure pour toi et si mes affaires marchent bien je vais tout simplement te couvrir de fourrures et de robes et de manteaux de toutes sortes. J'ai dans l'idée quelques très belles fourrures pour toi.

Écris maintenant, mon cher amour, et dis-moi que tu fais ce que je te demande. Dis-moi que tu es heureuse car tu vois que je t'aime et te suis fidèle et pense à toi. Je te suis fidèle, Nora, et je pense à toi toute la journée et toujours.

Bonne nuit, ma chérie. Sois heureuse pendant cette courte période où nous sommes séparés, et chaque fois que tu penses à moi embrasse mon image en Georgie.

Addio, mia *cara* Nora !

JIM

À Nora Barnacle Joyce

1er novembre 1909   44 Fontenoy Street, Dublin

Ma chère petite Butterfly J'ai reçu ta lettre ce soir et je suis heureux que tu aimes cette photographie de ton amant indigne saisi dans toute sa peinture de guerre. J'espère que tu as bien reçu mon petit cadeau, les gants. Je les ai envoyés exactement comme je t'ai envoyé mon premier cadeau il y a cinq ans – du « Ship ». La plus jolie paire est celle en peau de renne : elle est doublée de sa propre peau, simplement retournée et devrait être chaude, presque aussi chaude que certaines régions de ton corps, Butterfly. Onze mètres (non pas dix comme je l'avais écrit) de tweed t'ont été envoyés du Donegal. J'aimerais que le haut de ta robe descende presque jusqu'au bas de la jupe et que le col, la ceinture et les poignets soient garnis de *cuir* bleu foncé et doublés de satin bronze ou bleu foncé. Si cette affaire réussit et que je suis maintenu au-delà du 5 novembre et reçois encore de l'argent j'espère t'envoyer un magnifique ensemble de fourrure que je suis en train de choisir tout spécialement. C'est de l'écureuil gris. Il y aurait un bonnet d'écureuil gris garni de violettes et une longue et large étole plate d'écureuil gris et un manchon beige de grand-mère de la même fourrure sur une chaîne d'acier, tous deux doublés de satin violet. Est-ce que cela te plairait, ma chérie ? J'espère pouvoir me le procurer pour toi. Je suis aussi en train de préparer un cadeau spécial de Noël pour toi. J'ai acheté des feuilles de parchemin coupées spécialement et je suis en train d'y copier tout mon livre de poèmes en encre de Chine indélébile. Puis je les ferai relier d'une façon curieuse qui me plaît et ce livre durera des centaines d'années. Je brûlerai tous les autres manuscrits de mes poèmes et alors tu auras le seul existant. C'est très difficile de copier sur du parchemin mais j'y travaille en espérant que cela donnera du plaisir à la femme que j'aime.

Il est deux heures du matin. Je suis seul ici dans la cuisine, à copier, car ils sont tous allés se coucher et maintenant je t'écris. Si seulement je pouvais lever les yeux et voir tes yeux, qui ont le regard d'un chien. J'essaierai de mériter la confiance qu'ils ont en moi.

Ne te tourmente pas, petite Butterfly. Voici quelques vers écrits il y a quatre cents ans par un poète qui était un ami de Shakespeare :

Les larmes tuent le cœur, crois-le.
Ô ne cherche pas à exceller en chagrin
Il ne fait que détruire ta beauté.[1]

Tu es une petite personne triste et je suis moi-même un garçon diablement mélancolique de sorte que notre amour est assez funèbre j'imagine. Ne pleure pas sur ce jeune monsieur assommant de la photographie. Il n'en vaut pas la peine, ma chérie.

C'est très gentil de ta part de poser des questions sur cette fichue sale affaire qui me concerne.[2] En tout cas cela ne s'est pas aggravé. J'étais d'abord inquiet de ton silence. J'avais peur que tu n'ailles pas bien. Mais tu vas bien, n'est-ce pas, ma chérie ? Dieu merci ! Pauvre petite Nora, comme je te fais du mal !

Ne t'inquiète pas d'Eva mais tu pourrais veiller à ce que Stannie prenne soin de lui-même. J'espère qu'il va mieux maintenant.

1. John Dowland, « I Saw My Lady Weepe » (« J'ai vu ma dame pleurer »), *Second Booke of Songs or Ayres* (1600).
2. Peut-être une allusion à une maladie contractée avec une prostituée.

Addio, Giorgino e Lucetta ! Vengo subito ![1]
Et addio, Nora mia !

JIM

À Nora Barnacle Joyce

18 novembre 1909   44 Fontenoy Street, Dublin

Je n'ose pas m'adresser à toi ce soir en t'appelant d'un nom familier.

Toute la journée, depuis que j'ai lu ta lettre ce matin, j'ai eu l'impression d'être un chien bâtard qui a reçu un coup de lanière sur les yeux. Je n'ai pas dormi depuis deux jours entiers et j'ai déambulé dans les rues comme un immonde roquet que sa maîtresse a lacéré de son fouet et chassé de sa porte.

Tu écris comme une reine. Aussi longtemps que je vivrai je me souviendrai toujours de la dignité calme de cette lettre, de sa tristesse et de son mépris, et de l'humiliation infinie qu'elle m'a causée.

---

1. « J'arrive tout de suite » (italien).

J'ai perdu ton estime. J'ai usé ton amour. Abandonne-moi donc. Emmène tes enfants loin de moi pour leur épargner la malédiction de ma présence. Laisse-moi retomber dans la fange d'où je suis venu. Oublie-moi et mes paroles vaines. Retourne à ta propre vie et laisse-moi aller seul à ma ruine. Il est néfaste pour toi de vivre avec un ignoble animal comme moi ou de permettre à tes enfants de subir le contact de mes mains.

Agis courageusement comme tu l'as toujours fait. Si tu décides de me quitter pleine de dégoût je le supporterai comme un homme, sachant que je le mérite mille fois, et je t'accorderai les deux tiers de mon revenu.

Je commence à comprendre maintenant. J'ai tué ton amour. Je t'ai remplie de dégoût et de mépris pour moi. Abandonne-moi maintenant aux choses et aux compagnons que je recherchais tant. Je ne me plaindrai pas. Je n'ai plus aucun droit de me plaindre ou de lever les yeux vers toi. Je me suis totalement avili à tes yeux.

Quitte-moi. C'est pour toi une déchéance et une honte de vivre avec une vile créature comme moi. Agis courageusement et quitte-moi. Tu m'as donné les plus belles choses de ce monde mais tu ne faisais que jeter des perles à des cochons.

Si tu me quittes je vivrai toujours avec ton souvenir, plus sacré pour moi que Dieu. J'adresserai mes prières à ton nom.

Nora, garde quelque bon souvenir du pauvre misérable qui t'a déshonorée de son amour. Pense que tes lèvres l'ont embrassé et que tes cheveux l'ont enveloppé et que tes bras l'ont tenu contre toi.

Je ne signerai pas mon nom parce que c'est le nom par lequel tu m'appelais lorsque tu m'aimais et m'honorais et me donnais ta tendre jeune âme pour que je la blesse et la trahisse.

À Nora Barnacle Joyce

19 novembre 1909   44 Fontenoy Street, Dublin

J'ai reçu deux lettres affectueuses d'elle aujourd'hui de sorte que peut-être après tout elle tient encore à moi. Hier soir j'étais dans un état d'absolu désespoir lorsque je lui ai écrit. Le moindre mot d'elle a un énorme pouvoir sur moi. Elle me demande d'essayer d'oublier l'ignorante jeune fille de Galway qui a croisé ma vie et dit que je suis trop bon avec elle. Fille naïve et généreuse ! Ne voit-elle pas quel misérable et déloyal imbécile je suis ? Son amour pour moi la rend peut-être aveugle à tout cela.

Je n'oublierai jamais à quel point sa courte lettre d'hier m'a blessé au vif. J'ai senti que j'avais trop abusé de sa bonté et qu'enfin elle s'était retournée contre moi avec un calme mépris.

Aujourd'hui je suis allé à l'hôtel où elle habitait lorsque je l'ai rencontrée pour la première fois. Je me suis arrêté devant le porche miteux avant d'entrer tellement j'étais excité. Je ne leur ai pas dit mon nom mais j'ai l'impression qu'ils savent qui je suis. Ce soir j'étais assis à table pour dîner dans la salle à manger qui est au bout du hall avec deux Italiens. Je n'ai rien mangé. Une jeune fille pâle servait à table, peut-être celle qui lui a succédé.

Le lieu est très irlandais. J'ai vécu si long-temps à l'étranger et dans tant de pays que je sens immédiatement la voix de l'Irlande n'importe où. Le désordre de la table était irlandais, l'étonnement sur les visages aussi, les yeux au regard curieux de la femme elle-même et de sa serveuse. C'est là pour moi un pays étrange bien que j'y sois né et porte l'un de ses noms anciens.

Je me suis trouvé dans la pièce où elle est si souvent passée, avec un étrange rêve d'amour dans son jeune cœur. Mon Dieu, mes yeux sont pleins de larmes ! Pourquoi est-ce que je pleure ? Je pleure parce qu'il est si triste de penser à elle se déplaçant dans cette pièce, mangeant peu, vêtue simplement, aux manières simples, attentive, et portant toujours en elle dans le secret de son cœur la petite flamme qui consume les âmes et les corps des hommes.

Je pleure aussi car j'ai pitié d'elle d'avoir choisi un amour aussi pauvre et vil que le mien : et j'ai pitié de moi-même car je n'étais pas digne d'être aimé par elle.

Un pays étrange, une maison étrange, des yeux étranges et l'ombre d'une étrange,

étrange jeune fille debout silencieuse près du feu, ou regardant par la fenêtre vers le parc brumeux du Collège. Quelle mystérieuse beauté habite chaque lieu où elle a vécu !

À deux reprises alors que j'écrivais ces phrases ce soir les sanglots sont soudain montés dans ma gorge et ont jailli de mes lèvres.

J'ai aimé en elle l'image de la beauté du monde, le mystère et la beauté de la vie elle-même, la beauté et le destin de la race dont je suis un enfant, les images de pureté spirituelle et de pitié en lesquelles je croyais lorsque j'étais enfant.

Son âme ! Son nom ! Ses yeux ! Ils m'apparaissent comme de belles et étranges fleurs sauvages poussant dans quelque haie broussailleuse trempée de pluie.[1] Et j'ai senti son âme trembler près de la mienne, et j'ai murmuré son nom doucement à la nuit, et j'ai

---

1. À l'acte I des *Exilés*, Robert Hand appelle Bertha « Une fleur sauvage épanouie dans une haie » (James Joyce, *Œuvres*, I, Paris, Gallimard, 1982, 820, traduction de J. S. Bradley, révisée par Jacques Aubert).

pleuré de voir la beauté du monde passer comme un rêve derrière ses yeux.

[Non signé]

À Nora Barnacle Joyce

22 novembre 1909   44 Fontenoy Street, Dublin

Ma chérie Ton télégramme est resté contre mon cœur cette nuit. Lorsque je t'ai écrit ces dernières lettres j'étais dans un complet désespoir. Je pensais avoir perdu ton amour et ton estime – ce qui était bien mérité. Ta lettre de ce matin est très affectueuse mais j'attends la lettre que tu as probablement écrite après avoir envoyé le télégramme.

J'ose à peine être encore de quelque façon familier avec toi, ma chérie, tant que tu ne m'en auras pas donné de nouveau la permission. J'ai l'impression que je ne devrais pas, bien que ta lettre soit écrite à ta manière ancienne, familière et espiègle. Je veux dire, lorsque tu dis ce que tu me feras si je te désobéis sur un certain point.

Je me risquerai à dire seulement une chose. Tu dis que tu veux que ma sœur t'apporte quelques dessous. Je t'en prie, non, ma chérie. Cela ne me plaît pas que quelqu'un, même une femme ou une jeune fille, voie des choses qui t'appartiennent. J'aimerais que tu fasses plus attention à ne pas laisser certains de tes vêtements traîner, je veux dire, lorsqu'ils sont revenus du lavage. Ô, si seulement tu pouvais garder toutes ces choses *secrètes*, *secrètes*, *secrètes*. J'aimerais que tu aies une grande provision de dessous de toutes sortes, dans toutes les teintes délicates, rangés dans une grande armoire parfumée.

Comme je me sens misérable d'être loin de toi ! As-tu ramené ton pauvre amant près de ton cœur ? Je vais attendre avec impatience ta lettre et pourtant je te remercie de ton aimable et affectueux télégramme.

Ne me demande pas d'écrire une longue lettre maintenant, ma chérie. Ce que j'ai écrit plus haut m'a un peu attristé. Je suis las de t'envoyer des mots. Nos lèvres unies, nos bras enlacés, nos yeux défaillant dans la triste joie de la possession me plairaient davantage.

Pardonne-moi, ma chérie. J'avais l'intention d'être plus réservé. Pourtant je dois me languir et me languir et me languir de toi.

JIM

À Nora Barnacle Joyce

27 novembre 1909 samedi soir   [Dublin]

Nora chérie Je pars ce soir dans un moment pour Belfast et je manquerai certainement ta lettre ce soir. Je rentre demain et j'écrirai à nouveau. Rêve de moi Ton amant

JIM

À Nora Barnacle Joyce

2 décembre 1909   44 Fontenoy Street, Dublin

Ma chérie Je devrais commencer par te demander pardon, peut-être, pour l'extraordinaire lettre que je t'ai écrite hier soir. Pendant que je l'écrivais ta lettre était posée en face de moi et mes yeux étaient fixés, comme ils le sont maintenant même, sur un certain mot de cette lettre. Il y a quelque chose d'obscène et de lubrique dans l'apparence même des lettres de ce mot. Le son lui aussi ressemble à l'acte lui-même, bref, brutal, irrésistible et diabolique.

Ma chérie, ne sois pas offensée de ce que j'ai écrit. Tu me remercies du beau nom que je t'ai donné. Oui, ma chérie, c'est un joli nom « Ma belle fleur sauvage des haies ! Ma fleur bleu sombre trempée de pluie ! » Tu vois je suis encore un peu un poète. Je te donne aussi un charmant livre comme cadeau : et c'est le cadeau d'un poète à la femme qu'il aime. Mais, à côté et à l'intérieur de cet amour spirituel que j'ai pour toi il y a aussi un désir sauvage et animal pour chaque centimètre de ton corps, pour chaque secret et chaque partie honteuse de ce corps, pour chacune de ses odeurs et chacun de ses actes. Mon amour pour toi me permet d'adresser mes prières à l'esprit d'éternelle beauté et tendresse reflété dans tes yeux ou de te jeter à terre sous moi sur ce ventre qui est si doux et de te baiser par-derrière, comme un porc chevauchant une truie, savourant la puanteur et la sueur mêmes qui montent de ton cul, me délectant de la honte étalée qu'offrent ta robe retournée et ta blanche culotte de jeune fille et de la confusion de tes joues empourprées et de tes cheveux emmêlés. Il me permet de fondre en larmes de pitié et d'amour en entendant le moindre mot, de trembler d'amour pour toi au son de quelque accord ou cadence de musique ou de m'allonger contre toi tête-bêche tout en sentant tes doigts caresser et chatouiller mes couilles ou s'enfoncer en moi par-derrière et tes lèvres brûlantes suçant ma bitte tandis que ma tête est enfoncée entre tes cuisses grasses, mes mains serrant les coussins arrondis de ton cul et ma langue léchant voracement les profondeurs de ton con touffu et rougeoyant. Je t'ai appris à presque défaillir en entendant ma voix chanter ou murmurer à ton âme la passion et le tourment et le mystère de la vie et en même temps je t'ai appris à me faire des signes obscènes avec tes lèvres et ta langue, à me provoquer par des attouchements et bruits obscènes, et même à accomplir en ma présence l'acte corporel le plus honteux et le plus répugnant. Tu te souviens du jour où tu as relevé tes vêtements et m'as laissé m'allonger sous toi à te regarder pendant que tu le faisais ? Ensuite tu avais même honte de croiser mon regard.

Tu es à moi, ma chérie, à moi ! Je t'aime. Tout ce que j'ai écrit plus haut est seulement un moment ou deux de folie brutale. La dernière goutte de sperme a à peine jailli dans ton con que c'est fini et que mon sincère amour pour toi, l'amour de mes poèmes, l'amour de mes yeux pour la séduction de tes yeux étranges, vient souffler sur mon âme comme un vent chargé d'épices. Ma bitte est encore brûlante et raide et vibrante de la dernière poussée brutale qu'elle t'a donnée, que l'on entend s'élever les frêles accents d'un hymne d'adoration, tendre et pitoyable, adressé à toi, montant des sombres cloîtres de mon cœur.

Nora, ma chérie fidèle, ma petite écolière polissonne aux doux yeux, sois ma putain, ma maîtresse, autant qu'il te plaît (ma petite maîtresse branleuse ! ma petite pute salope !) tu

131

es toujours ma belle fleur sauvage des haies,
ma fleur bleu sombre trempée de pluie.

JIM

À Nora Barnacle Joyce

3 décembre 1909   44 Fontenoy Street, Dublin

Ma petite pensionnaire de couvent chérie,
Il y a une étoile qui est trop près de la terre
car je suis encore dans un accès de fièvre de
désir animal. Aujourd'hui je me suis souvent
arrêté net dans la rue en poussant une excla-
mation chaque fois que je pensais aux lettres
que je t'ai écrites hier soir et le soir d'avant.
Elles doivent être épouvantables à lire dans la
lumière froide du jour. Peut-être que leur
grossièreté t'a dégoûtée. Je sais que tu es d'une
nature beaucoup plus délicate que ton extraordinaire amant et bien que ce soit toi-même,
petite fille brûlante, qui m'as écrit la première
pour me dire que tu mourais d'envie d'être
baisée par moi je suppose pourtant que la
grossièreté et l'obscénité de ma réponse

dépassaient toutes les bornes de la pudeur. Lorsque j'ai reçu ta lettre exprès ce matin et ai vu tous les égards que tu as pour ton vaurien de Jim je me suis senti honteux de ce que j'avais écrit. Pourtant maintenant, la nuit, la nuit secrète, nuit du péché, est de nouveau descendue sur le monde et je suis seul de nouveau, en train de t'écrire, et ta lettre est de nouveau pliée devant moi sur la table. Ne me demande pas d'aller me coucher, ma chérie. Laisse-moi t'écrire, ma chérie.

Comme tu le sais, ma chérie, je n'utilise jamais d'expressions obscènes dans la conversation. Tu ne m'as jamais entendu, n'est-ce pas, prononcer un mot inconvenant devant des gens. Lorsque des hommes racontent ici en ma présence des histoires grossières ou graveleuses je souris à peine. Pourtant tu sembles me transformer en animal. C'est toi-même, vilaine fille sans vergogne, qui m'as la première conduit dans cette direction. Ce n'est pas moi qui t'ai touchée le premier il y a longtemps à Ringsend. C'est toi qui as glissé ta main lentement à l'intérieur de mon pantalon et qui as sorti ma chemise et as touché ma bitte de tes longs doigts qui me chatouillaient et qui peu à peu l'as sortie entièrement, toute grosse et raide qu'elle était, dans ta main et m'as branlé lentement jusqu'à ce qu'elle gicle à travers tes doigts, et pendant tout ce temps tu étais penchée sur moi et tu me contemplais de tes calmes yeux de sainte. Ce sont tes lèvres qui ont pour la première fois prononcé un mot obscène. Je me souviens *bien* de cette nuit au lit à Pola. Une nuit, lasse d'être allongée sous un homme tu as déchiré violemment ta chemise de nuit et tu t'es mise sur moi pour me chevaucher nue. Tu as enfoncé ma bitte dans ton con et tu as commencé à me chevaucher en tressautant. Peut-être que je ne bandais pas assez pour toi car je me souviens que tu t'es penchée vers mon visage et as murmuré tendrement : « Vas-y, baise-moi mon amour ! Baise-moi, mon amour ! »

Nora ma chérie, je meurs d'envie toute la journée de te poser une ou deux questions. Laisse-moi te les poser, ma chérie, car je t'ai dit *tout* ce que j'ai jamais fait et je peux donc te poser des questions à mon tour. Je me demande si tu y répondras. Lorsque cette

134

personne[1] dont je rêve d'arrêter les battements du cœur avec le déclic d'un revolver a mis sa main ou ses mains sous tes jupes t'a-t-il seulement chatouillée à l'extérieur ou a-t-il enfoncé son doigt ou ses doigts en toi ? S'il l'a fait, sont-ils allés assez loin pour toucher ce petit gland à l'extrémité de ton con ? Est-ce qu'il t'a touchée par-derrière ? T'a-t-il chatouillée longtemps et as-tu joui ? T'a-t-il demandé de le toucher et l'as-tu fait ? Si tu ne l'as pas touché est-ce qu'il a joui contre toi et l'as-tu senti ?

Une autre question, Nora. Je sais que je suis le premier homme qui t'ait baisée mais est-ce qu'un homme t'a jamais branlée ? Est-ce que ce garçon[2] que tu aimais bien l'a jamais fait ? Dis-moi maintenant, Nora, vérité pour vérité, franchise pour franchise. Lorsque tu étais avec lui la nuit dans l'obscurité est-ce que tes doigts n'ont *jamais*, *jamais* déboutonné son pantalon pour s'y glisser comme des souris ? L'as-tu

1. Vincent Cosgrave.
2. Il s'agit de Michael Bodkin, repris dans le personnage de Michael Furey dans « Les Morts ».

jamais branlé, ma chérie, dis-moi franchement, ou un autre ? N'as-tu *jamais jamais, jamais* senti une bitte d'homme ou de jeune garçon entre tes doigts avant de me déboutonner ? Si tu n'es pas offensée n'aie pas peur de me dire la vérité. Ma chérie, ma chérie, ce soir j'ai un tel désir fou de ton corps que si tu étais là à côté de moi et même si tu me disais de ta propre bouche que la moitié des rustres rouquins du comté de Galway ont tiré un coup avec toi avant moi je me précipiterais malgré tout sur toi fou de désir.

Dieu tout-puissant, avec quel langage j'écris à ma fière reine aux yeux bleus ! Va-t-elle refuser de répondre à mes questions grossières et insultantes ? Je sais que je prends un grand risque en écrivant ainsi, mais si elle m'aime vraiment elle sentira que je suis fou de désir et qu'il faut tout me dire.

Mon trésor, réponds-moi. Même si j'apprends que toi aussi tu as péché peut-être que cela me lierait plus fortement à toi. De toute façon je t'aime. Je t'ai écrit et t'ai dit des choses que mon orgueil ne me permettrait *jamais de dire à nouveau* à aucune femme.

Nora ma chérie, je frémis d'impatience dans l'attente de tes réponses à ces lettres répugnantes que je t'ai envoyées. Je t'écris à cœur ouvert car je sens maintenant que je peux tenir parole envers toi.

Ne sois pas en colère, ma chérie, ma chérie, Nora, ma petite fleur sauvage des haies. J'aime ton corps, j'en meurs d'envie, j'en rêve.

Parlez-moi, chères lèvres que j'ai embrassées en larmes. Si ces obscénités que j'ai écrites t'outragent ramène-moi à la raison en me flagellant comme tu l'as fait auparavant. Dieu me vienne en aide !

Je t'aime, Nora, et il semble que cela aussi fait partie de mon amour. Pardonne-moi ! pardonne-moi !

JIM

À Nora Barnacle Joyce

6 décembre 1909   44 Fontenoy Street, Dublin

Noretta mia ! J'ai reçu ta pitoyable lettre ce soir me disant que tu allais sans sous-vêtements. Je n'ai pas reçu 200 couronnes le 25 mais seulement 50 couronnes et à nouveau 50 le 1er. Assez parlé d'argent. Je t'envoie un petit billet et j'espère qu'il te permettra de t'acheter au moins une jolie paire de culottes à volants et je t'en enverrai encore lorsque je serai à nouveau payé. J'aimerais que tu portes des culottes avec trois ou quatre volants l'un sur l'autre aux genoux et le long des cuisses avec de grands nœuds cramoisis, je veux dire non pas des culottes d'écolière avec une mince lisière de dentelle minable, enserrant les jambes et si minces qu'on voit la peau à travers mais des culottes de femme (ou si tu préfères le mot) de dame avec un derrière plein et ample et de larges jambes, toutes en volants et dentelle et rubans, et lourdes de parfum de sorte que chaque fois que tu les montreras, que ce soit en remontant à la hâte tes vêtements pour faire quelque chose ou en te caressant gentiment pour être baisée, je ne puisse voir qu'une masse gonflée d'étoffe et de volants blancs et que lorsque je me penche sur toi pour les ouvrir et te donner un baiser brûlant de désir sur tes fesses nues de coquine je puisse sentir le parfum de ta culotte ainsi que l'odeur chaude de ton con et l'odeur lourde de ton derrière.

T'ai-je choquée par les saletés que je t'ai écrites. Tu penses peut-être que mon amour est une chose sale. Il l'est, ma chérie, à certains moments. Je rêve parfois de toi dans des poses répugnantes. J'imagine des choses *si* sales que je ne veux pas les écrire tant que je ne verrai pas comment tu écris toi-même. Les plus petites choses me font bander très fort – un mouvement de ta bouche qui évoque une putain, une petite tache brune sur le fond de ta culotte blanche, un mot ordurier soudain craché par tes lèvres humides, un bruit impudent que tu lâches soudain de ton derrière puis une mauvaise odeur montant en volutes de ton arrière-train. À de tels moments j'ai une envie folle d'y aller d'une façon cochonne, de sentir tes lèvres brûlantes impudiques me suçant, de te baiser entre tes deux nichons aux tétons roses, de jouir sur ton visage et de le faire gicler sur tes joues et tes yeux brûlants, de l'enfoncer entre les joues de ton fessier et de t'enculer.

Basta per stasera![1]

J'espère que tu as reçu mon télégramme et que tu l'as *compris*.

Au revoir, ma chérie que j'essaie d'avilir et de dépraver. <u>Comment est-il Dieu possible</u> d'aimer une créature comme moi ?

Ô, il me tarde tant de recevoir ta réponse, ma chérie !

JIM

À Nora Barnacle Joyce

8 décembre 1909   44 Fontenoy Street, Dublin

Ma douce petite pute de Nora J'ai fait ce que tu m'avais dit de faire, petite fille sale, et je me suis branlé deux fois en lisant ta lettre. Je suis ravi de voir que tu aimes être baisée par le cul. Oui, je me souviens maintenant de cette nuit où je t'ai baisée si longtemps par-derrière. C'est le coup le plus sale que j'aie jamais tiré avec toi, ma chérie. Ma bitte est

1. « Assez pour ce soir ! » (italien).

restée enfoncée en toi pendant des heures, entrant et sortant de ta croupe retournée. Je sentais tes fesses grasses en sueur sous mon ventre et je voyais ton visage empourpré et tes yeux fous. Chaque fois que je m'enfonçais en toi ta langue impudique jaillissait d'entre tes lèvres et si je donnais un plus grand coup, plus vigoureux que les autres, de vilains pets gras sortaient en crépitant de ton derrière. Tu avais un cul plein de pets cette nuit-là, ma chérie, et je les ai tous fait sortir de toi à coups de bitte, des gros bien gras, des longs flatu- lents, des petits rapides qui claquaient gaie- ment et toute une série de vilains petits pets minuscules qui s'achevaient en une longue traînée sortant de ton trou. C'est merveilleux de baiser une femme qui pète, quand chaque poussée en chasse un de son corps. Je crois que je reconnaîtrais un pet de Nora n'importe où. Je pense que je pourrais reconnaître les siens dans une pièce remplie de femmes qui pètent. C'est plutôt un bruit de pet de jeune fille pas comme le pet humide et flatulent qu'ont, j'imagine, les grosses femmes mariées. Il est soudain et sec et sale comme ce qu'une jeune fille effrontée lâcherait pour s'amuser la nuit dans le dortoir d'une école. J'espère que Nora lâchera d'innombrables pets sur mon visage pour que je puisse reconnaître aussi leur odeur.

Tu dis que lorsque je rentrerai tu me suceras et que tu veux que je lèche ton con, petite polissonne dépravée. J'espère que tu me surprendras un jour où je dormirai tout habillé, que tu te glisseras vers moi avec une lueur putassière dans tes yeux ensommeillés, que tu déferas gentiment l'un après l'autre les boutons de la braguette de mon pantalon et que tu sortiras gentiment la queue épaisse de ton amant, la goberas dans ta bouche moite et la suceras tant que tu pourras jusqu'à ce qu'elle devienne grosse et dure et décharge dans ta bouche. Un jour moi aussi je te surprendrai en train de dormir, je soulèverai tes jupes et j'ouvrirai doucement ta chaude culotte, puis je m'étendrai doucement près de toi et je me mettrai à te lécher autour de ta motte en prenant mon temps. Tu te mettras à remuer fébrilement puis je lécherai les lèvres du con de ma chérie. Tu te mettras à gémir et à grogner et à soupirer et à péter de désir dans ton sommeil. Puis je te lècherai de plus en plus vite comme un chien affamé jusqu'à ce que ton con ne soit plus qu'une masse de bave et que ton corps se trémousse frénétiquement.

Bonne nuit, ma petite Nora péteuse, mon sale petit oiseau à foutre ! Il y a *un mot charmant*, ma chérie, que tu as souligné pour que je puisse mieux me branler. Écris-m'en plus sur ce mot et sur toi-même, gentiment, *plus salement*, plus salement.

JIM

À Nora Barnacle Joyce

9 décembre 1909   44 Fontenoy Street, Dublin

Mon gentil polisson petit oiseau à foutre, Voici un autre billet pour t'acheter de jolies culottes ou bas ou jarretelles. Achète des culottes de putain, mon amour, et n'oublie pas d'en asperger les jambes de quelque agréable parfum et aussi de les décolorer juste un peu au derrière.

143

Tu sembles inquiète de savoir comment j'ai reçu ta lettre dont tu dis qu'elle est pire que la mienne. Comment est-elle pire que la mienne, mon amour ? Oui, elle est pire dans une ou deux parties. Je veux dire la partie où tu expliques ce que tu feras avec ta langue (je ne veux pas dire me sucer) et avec ce charmant mot que tu écris si gros et que tu soulignes, petite fripouille. Cela donne le frisson d'entendre ce mot (et un ou deux autres que tu n'as pas écrits) sur les lèvres d'une jeune fille. Mais j'aimerais que tu parles de toi-même et non de moi. Écris-moi une longue longue lettre, pleine de cela et d'autres choses, sur toi, ma chérie. Tu sais maintenant comment me faire bander. Dis-moi les choses les plus insignifiantes sur toi-même pourvu qu'elles soient obscènes et secrètes et ordurières. N'écris rien d'autre. Que chaque phrase soit pleine de mots et de sons grossiers et impudiques. Il sont tous charmants à entendre et même à voir sur le papier mais les plus grossiers sont les plus beaux.

Les deux parties de ton corps qui font des choses sales sont pour moi les plus charmantes.

Je préfère ton cul, ma chérie, à tes nichons parce qu'il fait une chose si sale. J'aime ton con non pas tant parce que c'est la partie que je baise mais parce qu'il fait une autre chose sale. Je pourrais rester allongé à me branler toute la journée en regardant le mot *divin* que tu as écrit et la chose que tu as dit que tu ferais avec ta langue. J'aimerais pouvoir entendre tes lèvres cracher ces mots grossiers divins et excitants, voir ta bouche faisant des sons et des bruits grossiers, sentir ton corps se tortiller sous moi, entendre et sentir les pets de jeune fille, gras et sales, qui pétaradent poc poc poc de ton joli cul nu de jeune fille et *foutre foutre foutre* sans cesse le petit con brûlant de mon polisson oiseau à foutre.

Je suis content maintenant parce que ma petite putain me dit qu'elle veut que je la tringle par le cul et veut que je fourre sa bouche et veut me déboutonner et sortir ma queue et la sucer comme une tétine. Elle veut faire *encore plus* et *encore plus sale* que ça, ma petite sauteuse nue, ma vilaine petite branleuse qui se tortille, ma douce et sale petite péteuse.

Bonne nuit, ma petite chattoune, je vais m'allonger et me branler jusqu'à ce que je jouisse. Écris encore et des choses plus sales, ma chérie. Chatouille ton petit bouton en écrivant pour que cela te fasse dire des choses toujours plus laides. Écris les mots sales en gros et souligne-les et embrasse-les et tiens-les pendant un moment contre ton doux con brûlant, chérie, et aussi relève ta robe un moment et tiens-les sous ton cher petit cul péteur. Fais *encore plus* si tu veux, puis envoie-moi la lettre, mon petit oiseau à foutre chéri au cul brun.

JIM

À Nora Barnacle Joyce

10 décembre 1909   44 Fontenoy Street, Dublin

Ma chérie je suis affreusement déçu par ta lettre de ce soir. J'ai passé toute la journée à réunir le petit billet de banque ci-joint et à me demander ce que tu m'écrirais.

Je t'ai envoyé un télégramme disant *Sois prudente*. Je voulais dire prends bien soin de garder mes lettres secrètes, prends soin de ne laisser personne voir ton excitation et prends soin de ne pas (j'ai à moitié honte de l'écrire maintenant). J'avais peur, Nora, que tu t'excites tellement que tu te donnerais à quelqu'un.

Achète quelque chose de joli avec ce billet, ma chérie. Je serai affreusement malheureux si nos dernières lettres s'arrêtent. Je suis épuisé par mes affaires ici. Hier soir je ne me suis pas couché avant presque cinq heures entre les lettres et la publicité et les télégrammes.

Ta lettre est si froide que je n'ai pas le cœur de t'écrire comme avant. J'ai regardé longuement tes autres lettres et embrassé certains de leurs mots, l'un d'eux en recommençant sans cesse.

Peut-être que demain tu écriras à nouveau. Bonne nuit, ma chérie.

JIM

À Nora Barnacle Joyce

11 décembre 1909   44 Fontenoy Street, Dublin

Nora ma chérie À nouveau aucune lettre de toi ce soir. Tu n'as pas répondu.

Les quatre Italiens ont quitté Finn's Hotel et habitent maintenant au-dessus du cinéma. J'ai payé environ £ 20 à ton ancienne patronne, rendant le bien pour le mal. Avant de quitter l'hôtel j'ai dit à la serveuse qui j'étais et lui ai demandé de me laisser voir la chambre où tu dormais. Elle m'a emmené en haut et m'y a conduit. Tu peux imaginer combien j'étais excité dans mon attitude et mes gestes. J'ai vu la chambre de ma chérie, son lit, les quatre petits murs entre lesquels elle rêvait de mes yeux et de ma voix, les petits rideaux qu'elle tirait le matin pour regarder le ciel gris de Dublin, sur les murs les pauvres choses humbles et naïves qu'elle parcourait du regard en déshabillant son jeune corps gracieux le soir.

Ah ce n'est pas le désir, ma chérie, ce n'est pas la folie sauvage et brutale dont je t'ai parlé

148

dans mes lettres ces derniers jours et nuits, ce n'est pas l'envie sauvage et animale de ton corps, ma chérie, qui m'a attiré vers toi alors et m'attache à toi maintenant. Non, ma chérie, ce n'est pas du tout cela mais un amour infiniment tendre, adorateur, plein de pitié pour ta jeunesse et ta beauté de jeune fille et ta faiblesse. Ô la douce souffrance que tu as apportée dans mon cœur ! Ô le mystère dont me parle ta voix !

Ce soir je ne t'écrirai pas comme je l'ai fait auparavant. Tous les hommes sont des brutes, ma chérie, mais au moins chez moi il y a aussi parfois quelque chose de plus élevé. Oui, moi aussi j'ai senti à certains moments brûler dans mon âme ce feu pur et sacré qui brûle éternellement sur l'autel du cœur de ma bien-aimée. J'aurais pu m'agenouiller près de ce petit lit et m'abandonner à un flot de larmes. Les larmes assiégeaient mes yeux alors que j'étais là à le regarder. J'aurais pu m'agenouiller et prier comme les trois Rois mages venus de l'Orient se sont agenouillés et ont prié devant la crèche où dormait Jésus. Ils avaient voyagé à travers des déserts et des mers et apporté leurs présents et leur sagesse et leur suite royale pour s'agenouiller devant un petit enfant nouveau-né et j'avais apporté mes erreurs et mes folies et mes péchés et mes questions et mes désirs pour les déposer auprès de ce petit lit où une jeune fille avait rêvé de moi.

Ma chérie, je suis vraiment désolé de ne pas avoir même un pauvre billet de cinq lires à t'envoyer ce soir mais lundi je t'en enverrai un. Je pars pour Cork demain matin mais je préférerais aller vers l'ouest, vers ces étranges lieux dont les noms me font trembler quand tes lèvres les prononcent, Oughterard, Clare-Galway, Coleraine, Oranmore, vers ces champs sauvages du Connacht où Dieu a fait pousser « ma belle fleur sauvage des haies, ma fleur bleu sombre trempée de pluie ».

JIM

À Nora Barnacle Joyce
(Fragment d'une lettre)

aller voir d'autres ? Tu peux me donner tout
et plus qu'elles ne le peuvent. Crois-tu enfin
en mon amour, ma chérie ? Ah, crois-moi,
Nora ! Voyons, tous ceux qui m'ont jamais
rencontré peuvent le lire dans mes yeux lorsque je parle de toi. Comme le dit ta mère « ils
s'éclairent comme des chandelles dans ma
tête ».

Le temps va s'envoler maintenant, ma chérie, jusqu'au moment où tes tendres bras
aimants m'entoureront. Je ne te quitterai
jamais plus. Non seulement j'ai besoin de ton
corps (comme tu le sais) mais j'ai aussi besoin
de ta compagnie. Ma chérie, je suppose que
comparé à ton splendide et généreux amour
pour moi mon amour pour toi semble très
pauvre et miteux. Mais c'est ce que je peux te
donner de mieux, ma chérie bien-aimée.
Prends-le, mon amour, sauve-moi et protège-
moi. Je suis ton enfant comme je te l'ai dit et

il faut être sévère avec moi, ma petite mère. Punis-moi autant que tu veux. Je serais ravi de sentir ma chair me cuire sous ta main. Sais-tu ce que je veux dire, Nora ma chérie ? J'aimerais que tu me gifles ou même me fla-gelles. Pas pour jouer, ma chérie, pour de vrai et sur ma chair nue. J'aimerais que tu sois forte, *forte*, ma chérie, et que tu aies une large poitrine pleine et fière et de grosses cuisses grasses. J'adorerais être fouetté par toi, Nora mon amour ! J'adorerais avoir fait quelque chose pour te déplaire, même quelque chose d'insignifiant, peut-être l'une de mes habitudes assez malpropres qui te font rire : puis t'enten-dre m'appeler dans ta chambre et alors te trou-ver assise dans un fauteuil, tes cuisses grasses largement écartées et ton visage cramoisi de colère et une canne à la main. Te voir désigner ce que j'ai fait puis d'un mouvement de rage m'attirer vers toi et me jeter la tête en bas sur tes genoux. Puis sentir tes mains déchirer mon pantalon et mes sous-vêtements et retourner ma chemise, me débattre dans tes bras forts et sur tes genoux, te sentir qui te penches vers moi (comme une nurse en colère qui fouette le derrière d'un enfant) jusqu'à ce que tes gros nichons rebondis me touchent presque et te sentir qui me flagelles, me flagelles, me flagelles rageusement sur ma chair nue pantelante !! Pardonne-moi ma chérie, si c'est ridicule. J'ai commencé cette lettre si tranquillement et pourtant il *faut* que je la termine à ma manière folle.

Es-tu offensée par mes horribles lettres impudiques, ma chérie ? Je suppose que certaines des choses répugnantes que j'ai écrites t'ont fait rougir. Es-tu offensée parce que j'ai dit que j'adorais regarder la tache brune qui apparaît au derrière de ta culotte blanche de jeune fille ? Je suppose que tu me considères comme un misérable porc. Comment vas-tu répondre à ces lettres ? J'espère et espère encore que toi *aussi* tu vas m'écrire des lettres encore plus folles et plus sales que celles que je t'envoie.

Tu peux si seulement tu en as envie, Nora, car je dois aussi te dire que [interruption]

À Nora Barnacle Joyce

15 décembre 1909   44 Fontenoy Street, Dublin

Ma chérie Pas de lettre ! seulement une de Stannie, courte et désagréable. Pour l'amour du ciel qu'on m'épargne les vieilles disputes ou je vais finir dans un asile de fous. Essaie, ma chérie, jusqu'à ce que ton amant revienne, de faire en sorte que tout se passe bien. Je ne peux pas en écrire plus. Pour quelle raison se dispute-t-il avec moi ? Je fais de mon mieux pour vous tous. Je t'en prie, ma chérie, donne lui abondamment à manger et fais en sorte qu'il ne manque de rien. Ne l'ennuie pas avec des histoires de dettes : et pour l'amour du ciel ne m'ennuie pas non plus avec ça. Je vous ai envoyé des gravures. Dis-lui de les accrocher dans la cuisine, la grande en face de la cheminée. Accrochez-les bien.

Pas de lettre ! Maintenant je suis sûr que ma fillette est offensée de mes mots répugnants. Es-tu offensée, ma chérie, de ce que j'ai dit de ta culotte ? Ce sont des bêtises, ma chérie. Je sais qu'elle est aussi immaculée que ton cœur. Je sais que je pourrais les lécher partout, les volants, les jambes et le derrière. C'est seulement que j'adore penser à ma manière sale qu'à un certain endroit elle est souillée. Ce sont aussi des bêtises, ma chérie, ce que j'ai dit sur mon désir de t'enculer. Ce que j'aime, c'est seulement le son répugnant du mot, l'idée d'une belle jeune fille timide comme Nora relevant ses vêtements par-derrière et dévoilant sa mignonne culotte blanche de jeune fille afin d'exciter le sale bon-homme qu'elle aime tant ; puis le laissant enfoncer sa grosse tige noueuse rouge et sale à travers la fente de sa culotte et bourrer, bourrer, bourrer dans l'adorable petit trou entre ses fesses fraîches et rebondies.

Chérie, je viens juste de décharger dans mon pantalon de sorte que je suis complète-ment épuisé. Je ne peux pas aller à la Poste centrale bien que j'aie trois lettres à poster.

Au lit – au lit !

Bonne nuit, Nora mia !

JIM

À Nora Barnacle Joyce

16 décembre 1909   44 Fontenoy Street, Dublin

Ma douce petite fille chérie Enfin tu m'écris ! Tu as dû donner une très féroce branlette à ton vilain petit con pour m'écrire une lettre aussi décousue. Quant à moi, ma chérie, je suis si épuisé qu'il faudrait que tu me lèches pendant une bonne heure avant que je bande suffisamment pour simplement entrer en toi, sans même parler de te baiser. J'en ai tant fait et si souvent que j'ai peur de regarder pour voir dans quel état est cette chose que j'avais, après tout ce que je me suis fait subir. Chérie, je t'en prie, ne me baise pas trop lorsque je rentrerai. Baise-moi tant que tu peux le premier soir mais fais que je guérisse. Il faut que toute la baise soit faite par toi, ma chérie, car je suis si petit et mou maintenant qu'aucune fille en Europe à part toi ne perdrait son temps à essayer le coup. Baise-moi, ma chérie, de toutes les nouvelles manières que ton désir te suggérera. Baise-moi habillée en grande tenue de ville avec ton chapeau et ta voilette, le visage rougi par le froid et le vent et la pluie et tes chaussures boueuses, soit à califourchon sur mes jambes alors que je suis assis dans un fauteuil et me chevauchant en tressautant, faisant virevolter les volants de ta culotte, et ma queue raide s'enfonçant dans ton con, soit me chevauchant sur le dossier du sofa. Baise-moi nue avec *seulement* ton chapeau et tes bas, allongée par terre une fleur pourpre dans ton trou du derrière, me chevauchant comme un homme tes cuisses entre les miennes et ta croupe très grasse. Baise-moi en robe de chambre (j'espère que tu as celle qui est jolie) sans rien porter dessous, en l'ouvrant soudain et en me montrant ton ventre et tes cuisses et ton dos et en m'attirant sur toi sur la table de cuisine. Baise-moi en me faisant entrer par le cul, étendue sur le ventre dans le lit, tes cheveux défaits flottant, nue à part une ravissante paire de culottes roses parfumées ouvertes effrontément par-derrière et glissant à demi sur ton derrière qui apparaît. Baise-moi si tu peux accroupie dans les cabinets, tes vêtements relevés, grognant comme une jeune truie qui lâche son ordure, et une grosse chose

157

grasse et sale qui se déroule lentement comme un serpent de ton arrière-train. Baise-moi dans l'escalier dans l'obscurité, comme une bonne d'enfants baise son militaire, déboutonnant gentiment son pantalon et glissant la main dans sa braguette et tripotant sa chemise et sentant qu'elle devient humide puis la remontant gentiment et tripotant ses deux couilles gonflées à éclater et enfin sortant hardiment la bitte qu'elle adore palper et la lui branlant doucement, murmurant à son oreille des mots obscènes et des histoires obscènes que d'autres filles lui ont racontées et des obscénités qu'elle a dites, et pendant tout ce temps pissant dans sa culotte de plaisir et lâchant par-derrière de doux petits pets, chauds et tranquilles, jusqu'à ce que son petit bouton de jeune fille soit aussi raide que celui de son compagnon et soudain l'enfonçant en elle et le chevauchant.

Basta ! Basta per Dio !

J'ai déchargé maintenant et finie la plaisanterie. Maintenant tes questions !

Nous ne sommes pas encore ouverts. Je t'envoie quelques affiches. Nous espérons ouvrir le 20 ou le 21. Compte 14 jours à partir de cette date et 3 jours 1/2 pour le voyage et je suis à Trieste.

Prépare-toi. Pose du linoléum brun chaud dans la cuisine et suspends une paire de rideaux rouges ordinaires aux fenêtres pour la nuit. Trouve une sorte de fauteuil confortable, courant et bon marché, pour ton amant paresseux. Fais cela avant tout, ma chérie, car je ne quitterai pas cette cuisine pendant une semaine entière après mon retour, à lire, me prélasser, fumer, et te regarder préparer les repas et te *parler, parler, parler, parler*. Ô quel suprême bonheur ce sera pour moi ! ! Dieu du ciel, que je serai heureux là ! I figlioli, il fuoco, una buona mangiata, un caffè nero, un Brasil,[1] il Piccolo della Sera, e Nora, Nora mia, Norina, Noretta, Norella, Noruccia ecc ecc...

Eva et Eileen devront dormir ensemble. Trouve un endroit pour Georgie. J'aimerais que Nora et moi ayons deux lits pour le travail de nuit. Je tiens et je tiendrai ma promesse,

1. « Les enfants, un bon feu, un bon repas, un café noir, un cigare du Brésil » (italien).

mon amour. Que le temps vole, qu'il vole à toute vitesse ! ! Je veux revenir à mon amour, ma vie, mon étoile, ma petite Irlande aux yeux étranges !

Cent mille baisers, ma chérie !

JIM

À Nora Barnacle Joyce

20 décembre 1909   44 Fontenoy Street, Dublin

Ma douce petite coquine J'ai reçu ta lettre excitée ce soir et j'ai essayé de t'imaginer branlant ton con dans les cabinets. Comment fais-tu ? Est-ce que tu te mets debout contre le mur en te chatouillant de ta main sous tes vêtements ou est-ce que tu t'accroupis sur le trou en remontant tes jupes et en frottant de ta main tant que tu peux à travers la fente de ta culotte ? Est-ce que ça te fait bander maintenant de chier ? Je me demande comment tu y arrives. Est-ce que tu jouis au moment où tu chies ou est-ce que tu te branles d'abord et chies ensuite ? Ça doit être une chose terriblement cochonne de voir une fille aux vêtements retroussés en train de branler furieusement son con, de voir sa petite culotte blanche ouverte par-derrière et son derrière qui déborde et un gros truc marron enfoncé dans son trou et à moitié sorti. Tu dis que tu chieras dans ta culotte, ma chérie, et que tu me laisseras alors te baiser. J'aimerais t'entendre chier dans ta culotte d'abord, ma chérie, puis te baiser. Un soir où nous serons quelque part dans l'obscurité et raconterons des saletés et où tu sentiras ta merde prête à tomber mets tes bras autour de mon cou toute honteuse et lâche ta merde doucement. Le bruit me rendra fou et lorsque je remonterai ta robe

Inutile de continuer ! Tu peux deviner pourquoi !

Le cinématographe a ouvert aujourd'hui. Je pars pour Trieste dimanche 2 janvier. J'espère que tu as fait ce que je t'ai dit pour la cuisine, le linoléum et le fauteuil et les rideaux. Entre parenthèses ne couds pas cette culotte devant qui que ce soit. Ta robe est-elle terminée. J'espère – avec une longue veste, une ceinture et des poignets de cuir, etc. Comment je vais

161

pouvoir payer le voyage d'Eileen je n'en sais rien. Pour l'amour du ciel débrouille-toi pour que toi et moi puissions avoir un lit confortable. Je n'ai pas très envie de te faire grandchose, ma chérie. Tout ce que je veux c'est ta compagnie. Tu peux être tranquille : je n'irai pas voir des –. Tu comprends. Ça n'arrivera pas, ma chérie.

Ô, j'ai faim maintenant. Le jour où j'arriverai demande à Eva de faire l'un des puddings où l'on met une pièce de trois pennies et de faire une sorte de sauce à la vanille sans vin. J'aimerais du rôti de bœuf, de la soupe au riz, des capuzzi garbi,[1] de la purée de pommes de terre, du pudding et du café noir. *Non, non* je voudrais du stracotto di maccheroni,[2] une salade composée, des pruneaux cuits, des torroni,[3] du thé et du presnitz.[4] Ou bien *non*

1. Choucroute.
2. Bœuf braisé avec des macaronis.
3. Nougats.
4. Gâteau triestin à base de noix, amandes, noisettes, pignons de pin et raisins de Corinthe.

j'aimerais des anguilles en ragoût ou de la polenta avec...

Excuse-moi, ma chérie, j'ai *faim* ce soir.

Nora ma chérie, j'espère que nous passerons une année heureuse ensemble. J'écris demain à Stannie à propos du cinématographe.

Je suis <u>si</u> heureux d'être maintenant en vue de Miramar. La seule chose que j'espère est que je n'ai pas déclenché à nouveau cette maudite chose à cause de ce que j'ai fait. *Prie* pour moi, ma chérie.

Addio, addio, addio, addio !

JIM

À Nora Barnacle Joyce

22 décembre 1909   44 Fontenoy Street, Dublin

Nora ma chérie Je t'envoie par ce courrier exprès recommandé et assuré un cadeau de Noël.[1] C'est ce que je peux t'offrir de mieux

---

1. Le manuscrit relié de *Musique de chambre*.

(mais bien pauvre après tout) en remercie-
ment de ton amour sincère et loyal et fidèle.
J'en ai médité chaque détail pendant les nuits
où je ne dormais pas ou en filant en voiture
à travers Dublin et je pense que le résultat est
finalement réussi. Mais même si cela faisait
simplement monter à ta joue une rougeur
fugitive de plaisir lorsque tu le découvriras ou
faisait tressaillir soudain de joie ton tendre
cœur aimant et fidèle je me sentirais *vraiment,*
vraiment, vraiment payé de mes peines.

Peut-être que ce livre que je t'envoie nous
survivra toi et moi. Peut-être que les doigts
de quelque jeune homme ou jeune fille (les
enfants de nos enfants) tourneront avec vénération ses pages de parchemin lorsque les deux
amants dont les initiales sont entrelacées sur
la couverture auront disparu depuis longtemps de cette terre. Rien ne demeurera alors,
ma chérie, de nos pauvres corps menés par
leurs passions et qui pourra dire où seront
alors les âmes qui se contemplaient mutuelle-
ment par le regard. J'aimerais prier pour que
mon âme soit dispersée au vent si Dieu voulait seulement laisser mon souffle passer dou-

cement pour toujours sur une étrange fleur solitaire bleu sombre, trempée de pluie, dans une haie sauvage d'Aughrim ou Oranmore.

Jim

À Nora Barnacle Joyce

23 décembre 1909   44 Fontenoy Street, Dublin

Nora ma chérie Lorsque tu recevras ceci tu auras reçu mon cadeau et ma lettre et tu auras passé ton Noël. Maintenant je veux que tu te prépares pour mon arrivée. Si rien d'imprévu n'arrive je quitte l'Irlande samedi 1ᵉʳ janvier à 21 h 20 avec Eileen, même si je ne sais pas comment et où je vais trouver l'argent. J'espère que tu as posé les affiches dans la cuisine. J'ai l'intention d'en couvrir les murs avec les programmes semaine après semaine. Si tu pouvais trouver quelques mètres de lino-léum ou même un vieux tapis ou n'importe quel fauteuil bon marché délabré et *confortable* pour la cuisine et une paire de rideaux rouges ordinaires bon marché je pense que je m'y sentirais très à l'aise. Est-il simplement possible que nous ayons un lit de plus ? Peut-être que Francini nous vendrait le sien au mois. Je t'ai envoyé chaque penny que j'ai pu mettre de côté, ma chérie, mais maintenant je suis sur la paille car le cadeau que je t'ai fait, petite peste, m'a coûté une terrible quantité de soldi[1]. Mais ne crois pas que je le regrette, ma chérie. Je suis ravi de t'avoir donné quelque chose de si délicat et beau. Maintenant, ma chérie, presse Stannie de m'aider à revenir promptement avec Eileen et alors nous commencerons à nouveau notre vie ensemble. Ô combien j'aurai de plaisir à faire le voyage de retour ! Chaque arrêt me rapprochera de la paix de mon âme. Ô que ressentirai-je lorsque je verrai le château de Miramar parmi les arbres et les longs quais jaunes de Trieste ! Comment expliquer que je sois destiné à contempler Trieste si souvent pendant ma vie avec du vague à l'âme ? Ma chérie, quand je serai de retour je veux que tu sois toujours

1. « Argent » (italien).

patiente avec moi. Tu découvriras, ma chérie, que *je ne suis pas un mauvais homme*. Je suis un pauvre poète impulsif, pécheur, généreux, égoïste, jaloux, insatisfait, d'une nature agréable, mais je ne suis pas une personne mauvaise et fourbe. Essaie de me protéger, ma chérie, contre les tempêtes de la vie. Je t'aime (le crois-tu maintenant, ma chérie ?) et Ô je suis si fatigué après tout ce que j'ai fait ici que lorsque j'atteindrai Via Scussa je me glisserai tout simplement dans le lit, t'embrasserai tendrement sur le front, me pelotonnerai dans les couvertures et je dormirai, dormirai, dormirai.

Ma chérie, je suis si heureux que tu aimes la photo de moi enfant. J'étais un jeune enfant à l'air farouche, n'est-ce pas ? Et en réalité, ma chérie, je suis tout autant un grand enfant maintenant que je l'étais alors. Les choses les plus farfelues me passent toujours par la tête. Tu connais la photo de l'homme au doigt levé dans le *Piccolo della Sera* dont tu dis que c'est « Jim en train de faire une nouvelle suggestion. » Je suis *sûr*, ma chérie, qu'au fond de toi-même tu dois penser que je suis un pauvre garçon un peu sot. Chère petite fille orgueilleuse, ignorante, insolente, affectueuse, comment se fait-il que je n'aie pas pu t'impressionner par mes sublimes poses comme j'impressionne les autres ? Tu vois clair dans mon jeu, rusée polissonne aux yeux bleus, et tu souris en toi-même sachant que je suis un imposteur et tu m'aimes malgré tout.

Ma chérie, il y a une partie de ta lettre à laquelle j'ose à peine faire allusion. Je n'ai <u>absolument aucun droit</u> de le faire et je reconnais que tu es libre d'agir comme il te plaît. Je ne te demanderai pas de te souvenir de nos enfants. Mais souviens-toi que nous nous sommes aimés sincèrement alors que nous étions presque des enfants lors de ce merveilleux été il y a cinq ans à Dublin. Ma chérie, je suis en réalité une personne au cœur triste et Ô je crois que si une chose telle que celle à laquelle tu sembles penser s'était produite je ne pourrais pas vivre. Non, ma chérie, je suis trop jaloux, trop orgueilleux, trop triste, trop solitaire ! Je ne continuerais pas à vivre, je crois. Maintenant même je sens mon cœur si calme et si affligé à cette pensée que je peux seulement regarder fixement les mots que j'écris. Combien la vie est triste, d'une désillusion à une autre !

JIM

À Nora Barnacle Joyce

24 décembre 1909 veille de Noël
44 Fontenoy Street, Dublin

Nora ma chérie Je viens de t'envoyer par télégramme le beau motif du dernier acte de l'opéra que tu aimes tant, *Werther* : « Nel lieto di pensa a me ».[1] Et comme il était trop tard pour t'envoyer de l'argent j'ai payé £ 1 à mon partenaire ici Rebez et je lui ai fait télégraphier à Caris à Trieste de payer immédiatement à Signora Joyce 24 couronnes. J'espère que tu passeras un joyeux Noël, ma chérie.

Maintenant, ma chérie, j'espère que Stannie va m'envoyer par télégramme tout ce qu'il peut pour le 1er afin que je puisse partir.

---

1. « Ce jour heureux, pense à moi » (Jules Massenet, *Werther*).

Ma chérie, je suis dans un état d'excitation vraiment épouvantable à présent. Toute la journée j'ai été au cinématographe au milieu de la foule qui s'affairait pour Noël. Il y avait là un jeune policier en service spécial. Lorsque ça a été fini je l'ai emmené en haut pour lui offrir un verre et j'ai découvert qu'il était de Galway et que ses sœurs étaient au couvent de la Présentation avec toi. Il était sidéré d'apprendre ce qu'était devenue Nora Barnacle. Il m'a dit qu'il se souvenait de toi à Galway, une belle jeune fille avec des boucles et une démarche fière. Mon Dieu, Nora, comme j'ai souffert ! Pourtant je ne pouvais m'arrêter de lui parler. C'est apparemment un jeune homme distingué aux manières courtoises. Je me suis demandé si ma chérie, mon amour, ma bien-aimée, ma reine avait jamais tourné ses jeunes yeux vers lui. Il *fallait* que je lui parle parce qu'il venait de Galway mais Ô comme j'ai souffert, ma chérie. Je suis affreusement excité. Je ne sais pas ce que j'écris. Nora, je veux retourner auprès de toi. Oublie tout le monde sauf moi, ma chérie. Je suis sûr qu'il y a de plus beaux garçons à Galway que ton pauvre amant mais Ô, ma chérie, un jour[1] tu verras que je serai quelque chose dans mon pays. Combien je me sens excité et agité ! Je joins le nom de ses sœurs. J'ai vu qu'il était ébahi d'apprendre ce que tu étais devenue. Mais, Ô Dieu, ne te donnerais-je pas tous les Royaumes de ce monde si seulement je pouvais. Ô, ma chérie, je suis si jaloux du passé et pourtant je me ronge les ongles d'excitation chaque fois que je vois quelqu'un de l'étrange ville de l'Ouest déclinante où mon amour, ma belle fleur sauvage des haies, a passé ses années de jeune fille rieuse. Nora ma chérie, pourquoi n'es-tu pas ici pour me réconforter ? Il faut que je termine cette lettre je suis si terriblement excité. Tu m'aimes, n'est-ce pas, mon épouse chérie ? Ô, comme tu m'as enroulé autour de ton cœur ! Sois heureuse, mon amour ! Ma petite mère, emmène-moi dans le sanctuaire obscur de ton ventre. Protège-moi, ma chérie ! Je suis trop enfant et impulsif pour vivre seul. Aide-moi, ma chérie,

1. Allusion à l'air « Un bel di » (« Un beau jour ») de *Madame Butterfly* (acte II) de Puccini.

prie pour moi ! Aime-moi ! Pense à moi !
Je suis si désemparé ce soir, désemparé,
désemparé !

Un million de baisers à ma fleur de l'Ouest
adorée couverte de rosée, un million de mil-
lions de baisers à ma chère Nora aux boucles.

JIM

Ta mère m'a envoyé ce cadeau et je lui ai écrit
pour la remercier.

À Nora Barnacle Joyce (carte postale)

[26 décembre 1909] 44 Fontenoy Street, Dublin

Ma chérie J'ai reçu ta lettre (d'ailleurs très
écervelée) ce matin et le faire-part de mariage
que tu joins. N'envoie aucun cadeau de ma
part. Garde tout ce que tu peux. Demande à
Stannie de m'envoyer ce qu'il peut par télégramme la semaine prochaine. J'espère que tu
as bien reçu mon cadeau et le télégramme et
la £ 1 que je t'ai envoyée par l'intermédiaire

de Caris. J'espère partir aujourd'hui en huit. Merci de tes bons vœux de Noël et j'espère que la fête s'est bien passée pour toi. Dis à G. et L. que j'arrive bientôt et qu'il faut qu'ils aient le nez propre. J'espère qu'ils se sont bien amusés. Addio,

JIM

Garde un peu de torrone et de mandorlato[1] pour Eileen.

1. Nougats aux amandes.

1912

À Nora Barnacle Joyce (carte postale)

[12 juillet 1912]
Via della Barriera Vecchia 32, III, Trieste (Autriche)

Chère Nora M'ayant quitté depuis cinq
jours sans un mot pour me donner de tes nouvelles tu griffonnes ta signature au milieu
d'autres sur une carte postale. Pas un mot des
lieux de Dublin où je t'ai rencontrée et qui
ont tant de souvenirs pour nous deux ! Depuis
que tu es partie je suis dans un état de sourde
colère. Je considère que toute cette affaire est
indigne et injuste.

Je ne peux ni dormir ni penser. J'ai encore
ma douleur au côté. Hier soir j'avais peur de
m'allonger. Je pensais que j'allais mourir pen-

dant mon sommeil. J'ai réveillé Georgie trois fois par peur d'être seul.

C'est une chose monstrueuse que de dire que tu sembles m'oublier en cinq jours et oublier les belles journées de notre amour.

Je quitte Trieste ce soir car j'ai peur de rester ici – peur de moi-même. J'arriverai à Dublin lundi. Si tu as oublié, moi pas. J'irai *seul* pour retrouver et marcher avec l'image de celle dont je me souviens.

Tu peux m'écrire ou me télégraphier à Dublin à l'adresse de ma sœur.

Que sont Dublin et Galway comparés à nos souvenirs ?

JIM

À Nora Barnacle Joyce

Cachet de la poste 19 août 1912   [Dublin]

Chère Nora J'ai reçu la lettre de Londres. Ma chance habituelle ! Suis surpris que Stannie n'ait pas écrit à propos de la maison. Pourquoi ne m'as-tu pas envoyé un mot ?

Peut-être en aurai-je un dans la matinée. Je n'ai aucune idée de comment nous pourrons réussir à rentrer car ici je dois sans cesse distribuer de l'argent. Comment vas-tu ? On m'a montré hier un article que je n'avais pas vu sur *Musique de chambre* dans le *Liverpool Courier*. Ils parlent de mes vers en les appelant des « poèmes exquis et passionnés ». Est-ce que ton ami de la fabrique d'eau de Seltz ou le petit curé peuvent écrire mes vers ? J'ai parlé de toi toute la soirée avec ma tante.

JIM

À Nora Barnacle

[21 août 1912]   [Dublin]

Ma chère Nora J'ai vu Lidwell aujourd'hui et au bout d'une heure j'ai obtenu de lui la lettre ci-jointe. Je l'ai portée à Roberts. Roberts m'a dit qu'elle ne servait à rien et qu'elle aurait dû lui être adressée à lui. J'ai demandé à Lidwell d'écrire la lettre à Roberts. Lidwell a refusé et m'a dit que c'était moi son

177

client et non Roberts. Je suis allé chez Roberts et lui ai dit cela. Roberts m'a dit que Lidwell devait lui écrire une longue lettre sur toute l'affaire pour dire ce que je pouvais faire, car il ne pouvait pas mettre l'entreprise en danger. Je lui ai dit que je signerais un accord pour lui payer £ 60 (soixante livres) le coût d'une 1re édition si le livre était saisi par le ministère public. Il m'a dit que cela ne servait à rien et m'a demandé si je pouvais obtenir deux cautions de £ 1 000 (mille livres) chacune – en tout £ 2 000 (deux mille livres = 50 000 francs) pour indemniser l'entreprise de ses pertes sur la publication de mon livre. J'ai dit que personne ne m'admirait à ce point et que de toute façon on ne pourrait jamais prouver que la perte (si perte il y avait) subie par l'entreprise était due à mon livre. Il m'a dit alors qu'il agirait selon l'avis de son avocat et ne publierait pas le livre.

Je suis alors allé dans la pièce située derrière le bureau et assis à la table, pensant au livre que j'ai écrit, à l'enfant que j'ai porté pendant des années et des années dans le ventre de l'imagination[1] comme tu as porté dans ton ventre les enfants que tu aimes, et à la façon dont je l'avais nourri jour après jour de mon cerveau et de ma mémoire, je lui ai écrit la lettre ci-jointe. Il m'a dit qu'il l'enverrait ce soir à son avocat à Londres et me tiendrait au courant.

Je suis comme un homme marchant dans son sommeil. Je ne sais pas ce qui se passe à Trieste. Stannie ne m'a pas envoyé ce que je lui ai demandé. Eva et Florrie n'auraient rien à manger si je n'étais pas là. Stannie ne leur a rien envoyé et rien à Charlie et rien à moi. Je ne sais pas où mon bureau et ma table et mon manuscrit et mes livres vont se retrouver. Tu es partie à Galway. Je ne sais pas comment nous pourrons retourner à Trieste ou ce que nous y trouverons. Je ne sais pas quoi faire

---

1. « Dans le sein virginal de l'imagination, le verbe s'était fait chair » (*Portrait de l'artiste en jeune homme*, traduction de Ludmila Savitzky, révisée par Jacques Aubert in James Joyce, *Œuvres*, I, Paris, Gallimard, 1982, 745).

pour mon diplôme ou mon livre. Mon père dit que Roberts aura une nouvelle objection même après ma lettre. La ville est en train de se remplir de monde et j'aimerais tout oublier et être ici avec toi et te sortir pendant le Concours hippique. Pover'a me ![1] [sic]

Voilà mes vacances.

Transmets mon bon souvenir à Mr Healy. Dis-lui que je n'ai pas un moment pour écrire. Embrasse Giorgio et Lucia.

J'espère que tu as aimé les poèmes. J'ai parlé de toi aujourd'hui à ma tante et lui ai dit des choses sur toi – comment tu es assise à l'opéra avec le ruban gris dans tes cheveux, écoutant la musique, et observée par les hommes –, et bien d'autres choses (même des choses très intimes) entre nous.

Je t'ai parlé de ma peine aux courses de Galway. Je la ressens encore. J'espère que le jour viendra où je pourrai t'accorder la gloire d'être à mon côté lorsque je serai entré dans mon Royaume.

1. « Povero me ! » (italien) : « Pauvre de moi ! »

Sois heureuse, ma chérie, mange et dors.
Tu peux aussi dormir. Ton tourmenteur est
loin.

JIM

[Lettre jointe]

De JOHN G. LIDWELL (copie)

[*21 août 1912*]

Cher Monsieur,
        Concernant « Dublinois »
En référence à notre correspondance
concernant les nouvelles « "Ivy Day" dans la
salle des commissions » et « Une rencontre ».
Comme les passages que vous m'avez montrés
ne sont pas susceptibles d'attirer sérieusement
l'attention des avocats de la Couronne, ils ne
gêneraient pas la publication, et je ne considère
pas non plus qu'une condamnation pourrait
facilement être obtenue. Avec mes salutations
distinguées,

JOHN LIDWELL

À Nora Barnacle Joyce

[Cachet de la poste 22 août 1912]   [Dublin]

Ma chère lointaine Nora J'ai vu Roberts aujourd'hui et nous avons parlé de la reliure &c de mon livre de sorte qu'un rai d'espoir a surgi des nuages. Il m'a dit de passer à nouveau demain à midi.

J'ai pris une chambre à deux lits au 21 Richmond Place sur le North Circular Road et je suis assez bête pour croire que toi et moi pourrons y passer quelques jours heureux après tous ces ennuis. Combien j'aimerais pouvoir me promener avec toi pendant la semaine du Concours hippique et avoir assez d'argent pour t'emmener dans divers endroits. Je peux obtenir des billets de faveur pour les théâtres. N'oublie pas d'avoir de jolis jupons et bas. Tu peux te faire coiffer ici. As-tu le ruban gris que j'aime tant ? Pourrais-tu venir demain ? J'ai peur de te demander cela car Stannie ne m'a pas écrit et je suis presque au bout de mon argent. Peut-être écrira-t-il demain. J'ai passé une semaine terriblement excitante à m'occuper de mon livre. Roberts m'a parlé aujourd'hui de mon roman, et m'a demandé de le finir. Voudrais-tu venir au théâtre avec moi et que nous soupions ensemble ensuite ? J'espère que tu es toujours aussi dodue qu'avant ? Est-ce que ton coquin chemisier serré est propre ? J'espère que tu te brosses les dents. Si tu n'as pas belle allure je te renverrai à Galway. Prends soin de ne pas déformer tes chapeaux en particulier le grand. J'ai une chambre agréable sur le devant avec deux lits. Si tout va bien nous pourrions passer quelques jours en compagnie l'un de l'autre. J'aimerais te montrer beaucoup de lieux de Dublin qui sont mentionnés dans mon livre. Je regrette que tu ne sois pas ici. Tu es devenue une partie de moi-même – une seule chair. Lorsque nous rentrerons à Dublin si je te donne des livres les liras-tu ? Ensuite nous pourrions en parler. Personne ne t'aime comme moi et j'aimerais lire avec toi les différents poètes et dramaturges et romanciers en te servant de guide. Je te donnerai seulement ce qui est le plus beau et le meilleur en littérature. Pauvre Jim ! Il fait toujours et toujours des plans !

J'espère que j'aurai de bonnes nouvelles demain. Si seulement mon livre est publié alors je me plongerai dans mon roman et je le terminerai.

L'*Abbey Theatre* sera ouvert et ils présenteront des pièces de Yeats et de Synge. Tu as le droit d'y être car tu es mon épouse : et je suis l'un des écrivains de cette génération qui sont peut-être en train de créer enfin une conscience dans l'âme de cette misérable race.[1] Addio !

JIM

(Écris comme d'habitude chez Todd Burns et non à mon adresse)

1. Stephen Dedalus écrit dans son journal à la fin du *Portrait de l'artiste en jeune homme* : « Bienvenue, ô vie ! Je pars, pour la millionnième fois, rencontrer la réalité de l'expérience et façonner dans la forge de mon âme la conscience incréée de ma race. » ((James Joyce, *Œuvres*, I, Paris, Gallimard, 1982, 780-781, traduction de Ludmila Savitzky, révisée par Jacques Aubert)

À Nora Barnacle Joyce

Cachet de la poste 23 août 1912

21 Richmond Place, N. C. R.[1], *Dublin*

Ma chérie Je suis allé voir Roberts ce matin sur rendez-vous. Il n'était pas là mais avait laissé pour moi la lettre ci-jointe. Je l'ai lue et j'ai marché dans la rue en ayant l'impression que tout l'avenir de ma vie était en train de m'échapper. Je suis resté assis une heure sur un sofa dans le bureau de mon père. Toute la nuit dernière j'avais parcouru tout le livre dans ma tête, j'avais imaginé que je le voyais, que les gens que je connais le lisaient, j'avais imaginé les comptes rendus, amicaux et hostiles. Ce matin tout semblait s'effondrer.

Il me semble qu'il vaut mieux ne rien dire de plus. J'ai longtemps pensé aujourd'hui à dépenser mon dernier argent pour acheter un revolver et à l'utiliser contre les fripouilles qui ont torturé mon esprit de faux espoirs pendant tant d'années. Je ne dirai rien de plus. Si tu

1. North Circular Road.

m'aimes tu sentiras pour toi [sic]. Je suis sûr, ma chérie, que tu le sens – et Ô combien j'aimerais avoir ta sympathie et tes mots d'encouragement, pour tout oublier et m'endormir dans tes bras caché par ton amour.

Je ne sais pas ce que je vais faire ou peux faire. Je vais réfléchir. Je me battrai jusqu'au bout. Stannie ne m'a pas envoyé une ligne ni aucun argent. Demain il faut que je mette ma montre et ma chaîne en gage afin de rester un peu plus longtemps. Tout semble s'être évanoui, argent, espoir et jeunesse.

Toi au moins tu restes. Ne te désole pas pour moi. Mange et dors et sois heureuse. Lorsque nous nous retrouverons (et j'espère que ce sera très bientôt) j'espère trouver en toi ce que j'ai perdu ailleurs, te voir jeune et heureuse et souriante et marchant comme une reine.

Jim

P.S. J'ai été surpris et déçu de ne pas avoir de lettre de toi aujourd'hui. Écris immédiatement et *renvoie-moi par retour de courrier la lettre de Roberts*. Pense à moi – mais ne te tourmente pas.

Photo prise lors du mariage de James Joyce et
Nora Barnacle à Londres en 1931.
(State University of New York à Buffalo)

1920-1922-1924

À Nora Barnacle Joyce

Cachet de la poste 3 juin 1920   Portogruaro[1]

Prends les deux billets pour *vendredi* soir et vas-y que je sois rentré ou non. Si j'arrive vendredi. *Non*, attends plutôt que j'écrive à nouveau.

Journée très ennuyeuse avec menace d'orage
JIM

---

1. Petite ville à mi-chemin entre Trieste et Venise.

À [Nora Barnacle Joyce][1]

Manuscrit privé

[Avril 1922]   [Paris]

Ma chérie, mon amour, ma reine : Je saute
du lit pour t'envoyer ceci. Ton télégramme
porte un cachet de la poste marqué 18 heures
plus tard que ta lettre que je viens de recevoir.
Un chèque pour ta fourrure suivra dans quelques heures, et aussi de l'argent pour toi. Si
tu souhaites vivre là-bas (puisque tu me
demandes d'envoyer deux livres par semaine)
j'enverrai cette somme (£ 8 et £ 4 de loyer) le
premier de chaque mois. Mais tu me demandes
aussi si j'accepterais d'aller à Londres avec toi.
J'irais n'importe où au monde si je pouvais
être sûr de pouvoir être seul avec ta chère
personne sans famille et sans amis. Ou bien
il faut qu'il en soit ainsi ou bien nous devons
nous séparer pour toujours, même si cela doit

1. Nora Joyce était partie en Irlande avec ses enfants,
contre le souhait de son mari, le 1ᵉʳ avril 1922. Mais les
combats de la guerre civile la forcèrent à rentrer à Paris
à la fin d'avril (voir Richard Ellmann, *James Joyce*, Paris,
Gallimard, 1987, collection Tel, vol. II, 168-169).

me briser le cœur. Il est évidemment impossible de te décrire le désespoir dans lequel je suis depuis que tu es partie. Hier je me suis trouvé mal dans le magasin de Miss Beach et elle a dû courir me chercher quelque médicament. Ton image est toujours dans mon cœur. Combien je suis heureux d'apprendre que tu as l'air plus jeune ! Ô ma chérie, si tu voulais seulement te tourner vers moi même maintenant et lire ce livre terrible qui m'a brisé le cœur dans la poitrine et m'emmener seul auprès de toi pour faire de moi ce que tu voudras ! J'ai seulement 10 minutes pour écrire ceci, pardonne-moi donc. Écrirai à nouveau avant midi et enverrai aussi un télégramme. Ces quelques mots pour le moment et mon éternel amour malheureux.

JIM

À Nora Barnacle Joyce

Manuscrit Privé

[? 5 janvier 1924]   [Paris]

Chère Nora : L'édition que tu as est pleine d'erreurs des typographes. S'il te plaît lis le livre dans cette édition-ci. J'ai coupé les pages. Il y a une liste d'erreurs à la fin.

JIM

Table

195

1920-1922-1924

Rivages poche/Petite Bibliothèque
Collection dirigée par Lidia Breda

Mise en pages PCA
– 44400 Rezé

Achevé d'imprimer sur rotative
par l'Imprimerie Darantiere
à Dijon-Quetigny en
juillet 2012

N° d'impression : 12-0867
Dépôt légal : mars 2012

Imprimé en France